もくじ

もくじ …………………………………… 2
世界遺産ってどんなもの？ ＋本書の見方 … 3
ヘタリア的世界遺産地図 フランス革命から21世紀まで … 4
各国の世界遺産＆本書に登場する主なキャラクター … 6
前回のおさらい ………………………… 14
ヘタリアンヒストリー・ガイド！① …… 16

プロローグ …1

第1章 …17 イタリア、ギリシャ、トルコの世界遺産！

カリニャーノ宮殿 ……………………… 18
ピエモンテの葡萄畑の景観 …………… 20
カゼルタ宮殿 …………………………… 22
トロイの古代遺跡 ……………………… 24
ミストラスの考古遺跡 ………………… 26
ヘタリアンヒストリー・ガイド！② … 28

第2章 …29 フランスとイギリスの世界遺産！

パリのセーヌ河岸 ……………………… 30
フォンテーヌブロー宮殿 ……………… 32
ナンシーのスタニスラス広場 ………… 34
ブレナム宮殿 …………………………… 36
キュー・ガーデン ……………………… 38
ヘタリアンヒストリー・ガイド！③ … 40

第3章 …41 ドイツ周辺の世界遺産！

ベルリンの博物館島 …………………… 42
ライン川 ………………………………… 44
ウィーン ………………………………… 46
ブダペスト ……………………………… 48
レーティッシュ鉄道 …………………… 50
ヘタリアンヒストリー・ガイド！④ … 52

第4章 …53 ロシア周辺の世界遺産！

ノヴォデヴィチ女子修道院 …………… 54
ネスヴィジ城 …………………………… 56
リガ ……………………………………… 58
シュトルーヴェの測地弧 ……………… 60
ヘタリアンヒストリー・ガイド！⑤ … 62

第5章 …63 その他の地域の世界遺産！

サグラダ・ファミリア ………………… 64
ブリッゲン ……………………………… 66
スオメンリンナの要塞 ………………… 68
自由の女神 ……………………………… 70
シドニー・オペラハウス ……………… 72
カナディアン・ロッキー ……………… 74
ヘタリアンヒストリー・ガイド！⑥ … 76

第6章 …77 アジアの世界遺産！

武夷山 …………………………………… 78
ダージリン・ヒマラヤ鉄道 …………… 80
富士山 …………………………………… 82
国立西洋美術館 ………………………… 84
ヘタリアンヒストリー・ガイド！⑦ … 86
ヘタリア的世界遺産年表 フランス革命から21世紀まで … 88
ヘタリア的近代歴史ミニ辞典 ………… 92
フィナーレ＆ごあいさつ！ …………… 95

ヘタリア的 "お国自慢"？
世界遺産で歴史へGO！

世界遺産ってどんなもの？

世界遺産めぐりの旅の中で、古代ローマ時代の壮大な遺跡やルネサンスの時代の華やかなお城などを見てきた日本たち。さて、次に向かうのは……。

バチカン市国、モン・サン・ミシェル、フィレンツェ……素敵な世界遺産をたくさん見てきましたね！ 同じ時代にどんなことがあったのかも知ると歴史のロマンも感じられて、感慨もひとしおです

日本、目がキラキラしてたよね〜！ ところでドイツ、世界遺産って古くて大きくてカッコイイ建物ってことでいいんだっけ？

まったくお前は……。世界遺産とは、1972年にユネスコ総会で採択され世界遺産条約に基づいて登録された、時代を越えて人類共通の遺産として残していくべき文化財や自然のことだ。20世紀の建物だって登録されているぞ

ふふふ……今回、訪ねるのは主にフランス革命以降の世界遺産。ついにお兄さんが主役になる日が来たようだね！ Aux Champs-Elysées 〜♪

うるせぇ！ 俺んちだっていろいろあるぞ。何たって大英帝国だからな！

この時代なら俺やカナダの家(※)の世界遺産も忘れないでほしいね！

※……国の領土のこと。

みんな、落ち着いてよー！ それじゃあ、わりと新しめの世界遺産を見に出発進行〜！

本書の見方

いろいろな歴史を
お兄さんたちが
レクチャーしちゃうぞ？

1 各地にある世界遺産のイラストとその解説。
世界遺産の正式名称や登録年も記載！

2 世界遺産が作られた時代背景の解説。
この本では近代以降を中心に解説します。

3 紹介した世界遺産や時代についてのうんちく、
関連する遺跡を紹介します。

各国の世界遺産 & 本書に登場する主なキャラクター

ちょっぴりヘタレなイタリアをはじめ、本書に登場する「ヘタリアAxis Powers」のキャラクターを紹介していくよ！　それぞれのキャラクターの家にある世界遺産も要チェック！

陽気で人なつっこいラテン息子。女の子と美味しい食べ物が大好き！　フルネームはイタリア＝ヴェネチアーノ。

イタリア

ちびたりあ

幼い頃のイタリア。天使のように愛らしく、今のヘタレぶりからは信じられないほどのしっかり者だった!?　ちなみに祖父は古代ローマ帝国。

詳しくはP18へ！

イタリアの世界遺産　→トリノのカリニャーノ宮殿（東側）←
イタリアを統一したサヴォイア家ゆかりの豪華な宮殿。西側は赤っぽいよ！

怠け者で少しヒネた性格をしているイタリアの兄。でも泣き虫でヘタレなところは弟とそっくり？　スペインとは古い付き合いの腐れ縁。

ロマーノ（南イタリア）

ドイツの兄のひとり。昔はドイツ騎士団と名乗り、よくロシアやリトアニアにちょっかいを出していた。ずる賢くていばりんぼだが、根は真面目で几帳面！

プロイセン（幼名：ドイツ騎士団）

ドイツ

真面目でお固いマッチョ青年。メランコリックでマニアックな一面も。イタリアには振り回されつつもよく面倒を見ている。

詳しくはP42へ！

ドイツの世界遺産　✦ ペルガモン博物館のイシュタール門 ✦
ベルリンを流れるシュプレー川の中州には5つの立派な博物館が集まっているよ！　見応え満点だよ！

詳しくはP36へ！

イギリス

イギリスの世界遺産　✦ ブレナム宮殿と庭園 ✦
イギリスを代表するバロック様式の華やかな宮殿だよ！　美しい庭園の風景にも癒されるよ！

幽霊や妖精が見える皮肉屋な紳士。紅茶以外は重度の味オンチだったが最近は改善の兆しも？　フランスは長年のライバル！

北欧

スウェーデン　デンマーク　ノルウェー

フィンランド　アイスランド

北ヨーロッパに家を持つ5人で、ご先祖様はヴァイキング。スウェーデンは寡黙、デンマークは豪快、ノルウェーは不思議、フィンランドはおっとり、アイスランドはツンツンした性格の持ち主。

オーストリア

楽器を演奏するとさすが楽器の都というか繊細な音色を聞かせてくれる

用意するのは俺だが

音楽を愛するドイツの兄のひとり。真面目そうに見えて面倒なことはしないお坊ちゃん。昔はハプスブルクな上司（※）と大きな家をまとめていた。

※……国を治める人のこと。

詳しくはP46へ！

オーストリアの世界遺産 🌿 **ウィーンのホーフブルク宮殿**
言わずと知れた音楽の都だよ！ザッハトルテ（濃厚なチョコレートケーキ）の本場でもあるよ！

詳しくはP48へ！

ハンガリー

ハンガリーの世界遺産 🌿 **ブダペストのドナウ川にかかるくさり橋と王宮**
ドナウ川が町の中心を流れるハンガリーの首都だよ！オーストリアと帝国を作った頃に大きく発展したよ！

ギリシャ

のんびり屋の哲学青年。トルコとは猫ぱんちを撃ち合う仲。家には母が残した遺跡がいっぱい！

トルコ

音楽や温泉、美食を愛する豪快なおっちゃん。ギリシャ、ハンガリーとは古〜い付き合い。

優しくて頑張り屋なお姉さん。オーストリアを慕い、イタリアを可愛がっている。昔はとても勇ましくて、プロイセンやトルコと派手にケンカしたことも。

ウクライナ&ベラルーシ

ヨーロッパの東に家を構えるロシアの姉妹。怒ると怖い姉のウクライナはEUの友達を募集中。妹のベラルーシはロシアに重く禍々しい愛を送り続けている。

詳しくは P54へ!

ロシア

暖かい土地を手に入れるのを夢見る無邪気で大柄な青年。笑顔は優しいが恐ろしげな威圧感を持っている。20世紀にはソ連と名乗ったことも。

ロシアの世界遺産 ノヴォデヴィチ女子修道院
モスクワにある由緒正しい女子修道院。玉ねぎ型のドームはロシアの教会でよく見られるものだよ!

バルト三国

詳しくは P58へ!

リトアニア

ラトビア / エストニア

ラトビアの世界遺産 リガの猫の家
リガはラトビアの首都。昔から貿易が盛んで、中世にはドイツのほうからたくさん商人が訪れたよ!

バルト海の沿岸、ロシアのすぐ近くに家を構える三人。ロシアにびくびくしながらもマイペースに頑張っている。昔はロシアの家にいたことも。

夜中に君たち三人を呼び出してごめんね

いえ!別に夜中でも全然気にしてないです!眠くないです!

気にしていらっしゃるし眠いよね?

すごく眠いです!

スイス

とてもクールな中欧の青年。家に山が多くて農作物に恵まれず、四方を強国に囲まれて苦労してきたため、人付き合いに用心深い。しかし心には熱いものを秘めており、リヒテンシュタインのピンチを救ったことも。

詳しくはP50へ！

スイスの世界遺産 〜レーティッシュ鉄道〜
100年以上の歴史を持つスイス自慢の鉄道。アルプスの険しくて美しい自然の中を走っているよ！

リヒテンシュタイン

スイスを兄と慕う優しくてしっかり者のお嬢さん。IT関連や銀行業が得意。昔はオーストリアとも縁が深かった。名前は「輝く石」という意味。

オーストラリア

詳しくはP72へ！

アメリカやカナダと同じく、イギリスから独り立ちした国。厳しい環境もガッツで何とかするワイルドさを持っている。得意なスポーツは水泳。

オーストラリアの世界遺産 〜シドニー・オペラハウス〜
重なった白いドームがユニークな近代建築。作るのにすっごく時間もお金もかかったよ！

アメリカ

> アメリカの世界遺産

🌟 ニューヨークの自由の女神 🌟

ニューヨークにそびえ立つアメリカのシンボル。アメリカの100歳を祝ってフランスが贈ったよ！

詳しくはP70へ！

パワフルでエネルギッシュな、自称世界のヒーロー！ 自由とハンバーガーとアイスクリームが大好き。味よりまず量を重視するタイプ。

カナダ

自然とメイプルシロップをこよなく愛するおっとり青年。地味だけど性格はとてもフレンドリー。アメリカと同じく、昔はイギリスの弟だった。

キューバ

陽気な音楽とスポーツが大好きな気のいいあんちゃん。好物はラム酒とアイスクリーム。アメリカとは仲が悪かったけど、最近は改善の気配？

詳しくはP74へ！

> カナダの世界遺産

🌟 カナディアン・ロッキーのルイーズ湖と氷河 🌟

カナダが誇るとても自然が豊かな地域。心が洗われるような美しい山々と湖にうっとりするよ！

中国

不思議な王子様オーラを放つゴーイングマイウェイなお兄さん。数学にとても強い！ イギリスと縁が深く、家で紅茶をたくさん作っている。

インド

年齢不詳の若作りな仙人。とても見栄っ張りだが、香港やマカオなどの弟子にはイマイチ尊敬されていない。美食家で食への探究心は世界一！

詳しくはP78へ!

中国の世界遺産　武夷山の九曲渓（ぶいさん きゅうきょくけい）

昔から風光明媚なことで有名な景勝地だよ！とても高級な烏龍茶も作られているよ！

詳しくはP82へ!

日本の世界遺産　三保の松原から見た富士山（みほ まつばら）

とても綺麗な円錐型をしている日本一高い山だよ！夏になるとたくさんの登山客が訪れるよ！

日本

サムライの心を受け継ぐ東洋の島国。若く見えるが、実はかなりのおじいちゃん。以前は引きこもり気味だったことも。特技は空気を読むことと遺憾の意。

前回のおさらい

このページでは本書で扱うより前の時代、ルネサンス～アメリカが独立するまでの時代の世界遺産や事件をおさらいするよ！

※ルネサンスやバロック、ロココは昔のヨーロッパで各時代に流行した建築や芸術の様式。ルネサンスは均整と調和を重んじ、バロックは豪華でドラマチック、ロココは軽快な優雅さが好まれたよ！

マルボルク城

プロセイン

ポーランド　リトアニア

1410年、タンネンベルクの戦いでドイツ騎士団、ポーランド＝リトアニアに敗北

ヴァルトブルク城

1517年、ドイツで宗教改革始まる

ドイツ

中世

ルネサンス

中国

万里の長城

1400年代、中国、モンゴルの勢力を警戒する

ちびたりあ

サンタ・マリア・デル・フィオーレ大聖堂

1400年代後半～1500年代、イタリア＝ルネサンス全盛

1492年、コロンブスがアメリカ到達

日本

姫路城

1600年代初頭、日本の戦国時代が終わる

1618～1648年、三十年戦争でドイツ荒廃……

いろんな出来事に世界遺産は関係しているんですね

ヴェルサイユ宮殿

1600年代後半〜1700年代初頭、
フランスの太陽王ルイ14世が活躍

アメリカ
独立記念館

フランス

バロック

1776年、アメリカ、
イギリスから独立を宣言する

イギリス
ウェストミンスター大寺院

ロココ

オーストリア　シェーンブルン宮殿

近代

1707年、イングランドと
スコットランドが合同

1740年、マリア・テレジアがオーストリア
大公を相続する。プロイセンなどと戦いに。

ヘタリアンヒストリー・ガイド！①
『世界遺産』登録基準／近代〜現代について

 世界遺産ってどうやって選ばれるのかな？

 各国が推薦した世界遺産候補から基準に照らし合わせて、国連の機関のユネスコが決めるんだ。基準は下を見てくれ

世界遺産登録基準一覧

● 人類の創造的才能を表す傑作である。

● 建築、科学技術、記念碑、都市計画、景観設計の発展に重要な影響を与えた、ある期間またはある文化圏内での価値観の交流を示すものである。

● 現存、消滅にかかわらず、ある文化的伝統または文明の存在を伝承する物証として希有な存在である。

● 歴史上の重要な段階を物語る建築物、その集合体、科学技術の集合体、あるいは景観の優れた見本である。

● あるひとつの文化（または複数の文化）を特徴づける伝統的集落や土地・海洋の利用を代表する見本。または、人類と環境とのふれあいを代表する顕著な見本である。特に抗えない変化によりその存続が危ぶまれているもの。

● 顕著な普遍的価値を有する出来事（行事）、生きた伝統、思想、信仰、芸術的作品、あるいは文学的作品と直接または明らかな関連があること（この基準は他の基準とあわせて用いられることが望ましい）。

● 最上級の自然現象、または類まれな自然美を有する地域を含むこと。

● 生命進化の記録や、地形の形成における重要な進行中の地質学的過程、あるいは重要な地形学的または自然地理学的特徴といった、地球の歴史の主要な段階を代表する顕著な見本である。

● 陸上・淡水域・沿岸・海洋の生態系や動植物群集の進化、発展において、重要な進行中の生態学的過程または生物学的過程を代表する顕著な見本である。

● 学術上または保全上顕著な普遍的価値を有する絶滅のおそれのある種の生息地など、生物多様性の生息域内保全にとって最も重要な自然の生息地を含む。

 この本では近代から現代にかけて見て行くよ〜

 時代分けと登場する国は下の図のような感じだ

フランス革命（1789年）以降 | 東欧革命（1989年）〜ソ連崩壊（1991年）以降

近代 | **現代**

フランス イギリス アメリカ 中国 ソ連

アメリカ イギリス フランス 中国 ロシア

日本 ドイツ イタリア オーストリア

日本 ドイツ イタリア

…etc. …etc.

第1章
イタリア、ギリシャ、トルコの世界遺産！

① カリニャーノ宮殿・・・・・・・・P18
② ピエモンテの葡萄畑の景観・・・・P20
③ カゼルタ宮殿・・・・・・・・・・P22
④ トロイの古代遺跡・・・・P24
⑤ ミストラスの考古遺跡・・・P26

The Carignano Palace
イタリアの世界遺産 ❶ カリニャーノ宮殿

DATA
登録名：サヴォイア王家の王宮群　登録年：1997　文化遺産

→ トリノのカリニャーノ宮殿（東側）←

イタリアが誇るの華麗な宮殿！

　北イタリアのトリノ（※）は19世紀のイタリア統一運動の中心になった名門貴族・サヴォイア家ゆかりの都市。サヴォイア家が作った多くの美しい建物が世界遺産に指定されています。カリニャーノ宮殿もそのひとつで、赤レンガ造りの曲面が美しい西側と、壮麗な白亜の壁が印象的な東側はまるで別の建物のようでとてもユニークです。

※……サヴォイア家が治めたサルデーニャ王国の首都。

サヴォイア家は俺んちの王様になった家柄だよ！

今はイタリアの歴史の博物館になっているんだ

CHECK POINT!
- 19世紀、イタリアは統一へ動き出したよ！
- サヴォイア家が統一の中心に！
- トリノはイタリア王国の首都になったよ！

時代解説　イタリア、ナポレオンによって目覚める!?

　15世紀後半にルネサンスでぷくぷくしていたのも過去の話となり、オーストリアやスペインたちにつっつかれて18世紀にはすっかり元気をなくしていたイタリア。しかし1789年にフランス革命が起き、さらにフランス皇帝になったナポレオンがヨーロッパに嵐を巻き起こします。突然ナポレオンに殴り込まれたイタリアはびっくり仰天。のんきなイタリアもこのままではいられないと思うように!?

ルネサンス後のイタリアの状況

↓

フランス革命後

スペインやフランス、オーストリア、トルコも狙ったイタリア

3巻 P62より

1巻 P92より

↑イタリアは分裂し、諸外国の影響を強く受けていました。

↓ルネサンス以降、あちこちから目をつけられたイタリア。

ヘタリア的小ネタ　目覚めはしたものの……

　ナポレオンの没落後、革命家のマッツィーニなどがイタリアを統一して自由な共和国を作ろうと張り切ります。でもオーストリアの横ヤリやあまりに理想主義的すぎたことから運動は挫折。イタリアの独立はどうなる!?

▲マッツィーニ

 フランス兄ちゃんちのマネは無理！

私にも言わせなさい！ by オーストリア
ナポレオンが去った後、イタリアに指図……もとい世話をしたのが私の家の政治家のメッテルニヒでした。でも彼は1848年に失脚します。

6巻 P62より

関連する世界遺産　ヴェネツィア Venice

　中世から都市国家として独立を守ってきたヴェネツィア共和国でしたが、次第に得意の地中海貿易で稼ぐのは厳しいご時世に……。しかし観光地としては大人気でした。そんなヴェネツィアも1797年、ナポレオン軍に降伏。その後の取り決めでオーストリアに引き渡されました。

 18世紀の詩人・ゲーテも訪れたぞ

ミニコラム　カリニャーノ宮殿はサヴォイア家出身でイタリアの初代の王様、ヴィットリオ・エマヌエーレ2世が生まれた場所です。ちなみにサヴォイア家の人々はナポレオンが攻めてきたとき、サルデーニャ島に避難しました。

Vineyard Landscape of Piedmont

イタリアの世界遺産 ② ピエモンテの葡萄畑の景観

DATA
登録名：ピエモンテの葡萄畑景観：ランゲ・ロエロ・モンフェッラート　登録年：2014　文化遺産

MAP ★ピエモンテの葡萄畑の景観／イタリア

→ カヴール城と葡萄畑 ←

バローロというピエモンテ産の赤ワインはとても美味しいよ！

バローロはイタリアワインの王様と呼ばれている

英雄が愛したイタリアワイン

　北イタリアにあるピエモンテ州の南部、ランゲ・ロエロ・モンフェッラート地域は古代からのワインの産地として世界遺産に登録されました。世界遺産に含まれているグリンザーネ村のカヴール城は19世紀のイタリア統一の英雄のひとり、カミッロ・カヴールゆかりのお城。彼はこの地方のワインの質を向上させた実業家でもありました。

CHECK POINT!
- 3000年以上前からワインが作られているよ！
- イタリア統一の英雄カヴールともゆかりがあるよ！

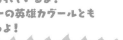

時代解説 イタリア、ついに統一する！

統一はしたいけれどオーストリアは怖いしフランス革命みたいな激しいのもちょっと……と悩んでいたイタリア。そこで北イタリアのピエモンテ出身の政治家・カヴールはフランスを後ろ盾にしてオーストリアを追い出し、北イタリアをまとめようとします。ガリバルディと義勇軍の奮闘で南イタリアも加わり、サルデーニャ王国のヴィットリオ・エマヌエーレ2世のもとで1861年3月、イタリア王国が成立します。

年表 イタリア統一への歩み

1852年	カヴールがサルデーニャ王国の首相になる
1855年	サルデーニャ王国、クリミア戦争に参加。フランスとイギリスを応援してロシアと戦う
1859年	サルデーニャ王国、フランスとこっそり手を組んで戦うことに
1860年	サルデーニャ王国、サヴォイアとニースをフランスに譲る。オーストリア、怒る。ガリバルディ、義勇軍を率いてナポリを解放する。その後、征服した土地をサルデーニャ王に献ずる
1861年	イタリア王国、成立！

イタリア統一の立役者たち

カヴール

ガリバルディ

ヴィットリオ・エマヌエーレ2世

当時の関係

スペイン ⇒ 支配 / フランス ⇔ 対立 ⇔ プロイセン / フランス ⇔ 対立 ⇔ オーストリア / プロイセン ⇔ 対立 ⇔ オーストリア / ロマーノ / イタリア — 手を組む / フランス 支配 → オーストリア

ヘタリア的小ネタ 王と音楽家の奇妙な縁

イタリアが揺れていた時代に活躍した音楽家のひとりが、オペラ「椿姫（つばきひめ）」などで有名なジュゼッペ・ヴェルディ。彼の名前は当時のサルデーニャの王様の名前を略したものと偶然同じでした。そのため「ヴェルディ万歳！（viva verdi）」というフレーズが王のもとで統一をめざすイタリアで大流行。彼の音楽は熱狂的な人気を獲得します。

ヴェルディ

サルデーニャ王（のちの初代イタリア王）ヴィットリオ・エマヌエーレ2世

Vittorio
Emanuele
Re **d'I**talia

略すと「VERDI」

ヴェルディはあまり政治に興味はなかったそうだけどね〜

関連する名所 ミラノ大聖堂 Milan Cathedral

ミラノ大聖堂 / イタリア / MAP

古代ローマ時代から栄え、ルネサンスの時代にもフィレンツェに劣らず繁栄したミラノの大聖堂。ミラノはイタリア統一運動の中心地となり、現在は世界的なファッションの流行の発信地である北イタリアの大都市です。巨大な建物は14〜19世紀の間、約500年をかけて完成しました。

 ナポレオンが仕上げさせたんだ

ミニコラム　イタリア統一の際、ローマ教皇は最終的にイタリアにもオーストリアにも味方しませんでした。どちらにもカトリックの人々が多数住んでいるからです。ちなみにローマがイタリア王国に組み込まれたのは1870年。

Royal Palace of Caserta
イタリアの世界遺産 ❸ カゼルタ宮殿

DATA
登録名：カゼルタの18世紀の王宮と公園、ヴァンヴィテッリの水道橋とサン・レウチョ邸宅群　登録年：1997　文化遺産

MAP

→ カゼルタ宮殿と庭園 ←

広大な庭園には池や噴水、滝があって綺麗だぞ

某宇宙戦争映画のロケ地にもなったんやで

ライバルはヴェルサイユ!?　ナポリ近郊の大宮殿

　ナポリから北へ約30kmほどの距離にある静かな街、カゼルタ。この街にある巨大な世界遺産がカゼルタ宮殿です。1752年にスペイン王カルロス3世（当時はナポリ王カルロ7世）がフランスのヴェルサイユ宮殿をお手本に作らせた豪華なバロック様式の建物で、18世紀のヨーロッパに建てられた中では最大の宮殿と言われています。

CHECK POINT!
- ナポリの近くにある豪華な宮殿だよ！
- 18世紀に作られた宮殿では最大と言われているよ！

時代解説 激動の時代だった18〜19世紀の南イタリア！

南イタリアのナポリは神聖ローマやフランスが欲しがった麗しの都。16世紀にはスペインの子分（属州）になりましたが、1701年に始まったスペイン継承戦争でナポリはオーストリアのものに……。一方スペインではハプスブルク家が途絶え、フランスのブルボン家の血筋を引く上司が登場します。その後、ポーランド継承戦争（※）でナポリはスペインに取り返されますが、19世紀初頭には北イタリアもろともナポレオンに支配されました。

※……1733年にポーランドの王位をめぐって始まった戦争で、フランス・スペイン・サルデーニャ王国とロシア・プロイセン・オーストリアなどが戦いました。そのあおりでマリア・テレジアの夫となるフランツ・シュテファン公は故郷のロレーヌ公国をフランスに譲る羽目に……。

年表 上司が変わりまくった!?

1503年	ナポリ、スペインの子分になる
1707年	オーストリアがナポリからスペインを追い出す
1734年	スペインがナポリを取り返す
1806年	ナポレオンの支配を受ける
1816年	スペインがナポリに返り咲く
1860年	ガリバルディの率いる義勇軍に征服される
1861年	北イタリアとともにイタリア王国になる

〜18世紀以降の支配者たち〜

スペイン → オーストリア → スペイン → ナポレオン → ロマーノ → イタリア（統一） → スペイン

← 18世紀のスペインはフランスと組んでいました。

1巻P114より

ヘタリア的小ネタ スペイン王カルロス3世

カゼルタ宮殿を建てたカルロス3世はスペイン国王になる前はナポリの王様でした。カルロはイタリア風の呼び方です。異母兄が亡くなったためスペイン国王になりました。フランスの太陽王ルイ14世のひ孫です。

▲カルロス3世

俺の家では有名人なんやで！

俺にも言わせろ！ by アメリカ
カルロス3世の時代のスペインはフランスに頭が上がらなくてイギリスと仲が悪かったから、俺がイギリスから独立するときにフランスといっしょに協力してくれたんだ！

独立戦争後は俺の扱いをめぐって険悪になったぞ

関連する世界遺産 アグリジェント神殿の谷
Archaeological Area of Agrigento

MAP：イタリア アグリジェント神殿の谷

イタリア南部、シチリア島にある世界遺産。古代ギリシャ時代のゼウス神殿やヘラクレス神殿の遺跡が残っています。18世紀にイタリアをふらふらと旅行したゲーテも訪れて絶賛した場所です。

18世紀の南イタリアはギリシャのロマンを感じられる場所として人気だったんだ

ミニコラム：ドイツの台詞の補足：なぜイタリアにある遺跡で古代ギリシャを感じるのが人気だったかというと、本物のギリシャはこの頃オスマン帝国（トルコ）の支配下だったから。まだ気軽に旅行できる場所ではなかったのです。

Archaeological Site of Troy
④トロイの古代遺跡

トルコの世界遺産

DATA
登録名：トロイの古代遺跡　登録年：1998　文化遺産

MAP

→ 複製されたトロイの木馬 ←

古代のロマンを感じてくれよな！

木馬の中を登ることができるんだ

シュリーマンが追った古代神話

　1873年にプロイセン出身の実業家、ハインリヒ・シュリーマンが発見した遺跡。トロイは古代ギリシャの詩人ホメロスの叙事詩「イリアス」に登場する古代都市で、紀元前1200年頃にギリシャと争ったと言われています。このときギリシャ軍が奇襲に使ったのが有名な「トロイの木馬」。遺跡の入り口には巨大な木馬の複製があります。

CHECK POINT!
- ドイツの実業家、シュリーマンが19世紀に発掘したよ！
- 実は「トロイ」の遺跡ではなかったよ!?

時代解説 ゆるやかに衰退したオスマン帝国

15世紀後半以降、ヨーロッパの怖いものリスト上位常連だったオスマン帝国。1683年にはオーストリアを攻め、ウィーンを包囲しました（※1）。しかし18世紀にはやんちゃさが影を潜め力関係が逆転。フランス革命でヨーロッパ中が慌てたときにはひと息つけたものの、19世紀には力をつけた各国につつかれ家が縮小しました。そして1923年、WW1で敗れたのをきっかけにトルコ共和国として再出発します。

※1……1683年のウィーン包囲は2回目。このときウィーンにオスマン帝国軍が残したコーヒーが伝わったと言われています。ちなみに1回目は1529年。

17世紀頃のオスマン帝国

20世紀初頭のオスマン帝国

特にロシアがつっついたよ！

2巻P57より

←暖かい土地に憧れているロシア。17～20世紀、たびたびオスマン帝国と衝突しました。

ヘタリア的小ネタ1 シュリーマンが見つけた遺跡の正体？

古代の叙事詩「イリアス」を信じてトロイ遺跡を掘り当てたシュリーマン。クリミア戦争（※2）で巨万の富を築いたと言われています。そのお金で発掘をしたのですが、実は彼が見つけたのは伝説より古い時代の遺跡だったとか……。

▲シュリーマン

私にも言わせてください！ by 日本

シュリーマンさんは私が引きこもりをやめた頃、1865年に私の家を訪れています。浅草寺に行ったり歌舞伎を観たり、銭湯で男女が混浴しているのに驚いたりしたんですよ。

※2……1853～1856年にクリミア半島でフランスやイギリスたちとロシアが戦いました。

ヘタリア的小ネタ2 「パリスの審判」

トロイがギリシャと戦争になったのはヘラ、アテナ、アプロディテの3女神の誰が一番美しいか競ったのが発端。その判定をしたのが美男子パリスです。ルネサンス以降、多くの画家がこの「パリスの審判」をテーマに絵を描きました。

2巻P36より

←この件で女神たちはパリスに賄賂を贈り自分を勝たせようとしました。

俺なら一人を選ぶなんて無理かも！

それは女神たちにおしおきされるぞ……

> **ミニコラム**　「パリスの審判」の続き：愛の女神アプロディテに絶世の美女ヘレネーを与えると言われ、愛の女神を勝者に選んだパリス。ヘレネーを手に入れてトロイに帰りますが、彼女を返せとギリシャ軍が押し寄せ、トロイア戦争に……。

Archaeological Site of Mystras

ギリシャの世界遺産

⑤ ミストラスの考古遺跡

DATA 登録名：ミストラ遺跡　登録年：1989　文化遺産

→ アギオス・ディミトリウス聖堂 ←

「正教会の建物が……見どころだ……」

「今も修復が進められているんだぜい」

ギリシャの栄華を偲ばせる幻の都

　ギリシャの南、スパルタに近い都市遺跡。十字軍のドタバタの際に作られた基地が14世紀に街として発展し、聖堂や宮殿が築かれました。18世紀には古代ギリシャのロマンを求める人々が訪問したとか。19世紀にギリシャ独立の争いに巻き込まれ街はゴーストタウンになりましたが、中世の美しい建物が今も多数残っています。

CHECK POINT!

- 14世紀に発展したよ！
- オスマン帝国に支配されたよ！
- 19世紀に滅びたよ……

時代解説: ギリシャ、オスマン帝国（後のトルコ）から独立

古代には古代ローマ帝国、中世には東ローマ帝国の大きな家に同居していたギリシャ。東ローマ帝国が15世紀末に滅ぼされてからはオスマン帝国に支配されました。しかしオスマン帝国の衰えやナポレオンの活躍を見て独り立ちを計画。ギリシャと同じく正教（※）のロシアや、イギリスやフランスの手助けを受けて1830年、ギリシャは独立します。家の中は不安定でしたが、マイペースに頑張るギリシャなのでした。

※……キリスト教の一派で東ローマ帝国（ビザンティン帝国）の国教。11世紀にローマ・カトリックと分離しました。ギリシャ正教や東方正教とも呼ばれます。

～19世紀のギリシャ周辺～

イギリス ←牽制→ オーストリア ←牽制→ ロシア
イギリス ↓牽制 ↓注目 ↓ライバル
フランス →注目→ ギリシャ ←支配← オスマン帝国(トルコ)

ギリシャ独立関連 年表

15世紀	オスマン帝国に支配される
18世紀後半	独立を意識し始める
1821年	独立戦争が始まる
1825年	オスマン帝国にミストラスが破壊される
1830年	オスマン帝国から独立。バイエルンから王様を迎える
1863年	デンマークから新しい王様を迎える

←トルコにはつい猫パンチを出したくなるギリシャですが、付き合いはとても古いのです。

(4巻P92より)

ヘタリア的小ネタ1: ギリシャの王様になったのは？

独立したギリシャの最初の王様はドイツの兄のひとり、実力者のバイエルンから迎えられましたが、バイエルン人を重用し過ぎて追い出されました。次にデンマークから王様が迎えられ、立憲君主制（りっけんくんしゅせい）にすることでギリシャは発展していきます。でもやっぱり政治は不安定でした。

 ゲオルギオス1世という王様だったべ

俺にも言わせろ！ by イギリス
2度目の王様選びでギリシャはヴィクトリア女王の次男アルフレッドに来てもらいたがったんだが、いろいろあって王子は辞退したぞ。

(4巻P104より)

ヘタリア的小ネタ2: 近代オリンピック始まる！

ギリシャが独立してだいぶ落ち着いた頃。少し前にトロイ（→P24）やオリンピュアの遺跡が見つかってブームが起きていたこともあり、古代オリンピックのファンだったフランスのクーベルタン男爵がオリンピックの復活を提案します。かくして1896年、最初の近代オリンピックがギリシャのアテネで開かれました。

←第1回近代オリンピックの出場者は男性のみ。ちゃんと服を着て競技しました。オリンピュアは出場者全員裸でしかも裸足だった

(2巻P69より)

ミニコラム: ギリシャが独立するとき、イギリスやロシアたちは応援する代わりに王様を外国から迎えるのを条件にしました。むろん自分たちの影響力を及ぼしたいという下心付き。ギリシャの君主制は1974年に廃止されました。

ヘタリアンヒストリー・ガイド！②
イタリアたち、ナポレオンを語る

この本ではフランス兄ちゃんの家の超有名人、ナポレオンさんがよく出て来るんだけど実は俺んちとも関係の深い人なんだよ〜

ナポレオン・ボナパルト。1769年生まれ。フランス革命の混乱を収拾した後、ヨーロッパの大半を勢力下に置きフランス第一帝政の皇帝に即位した人物だな

だが最終的には俺やロシアとの戦いに敗れて失脚、南大西洋のセントヘレナ島で1821年に亡くなったんだ

ナポレオンは自然が美しいコルシカ島の下級貴族出身。コルシカ島は今はお兄さんの家だが、彼が生まれる少し前までイタリアんちだったんだよな〜

だからパリに出たばかりの頃のナポレオンはフランス語が話せなくて苦労したんだよね〜。名前も俺んち風に「ナポレオーネ」って名乗ってたんだって！

そんな青年が連戦連勝、あっという間に出世してヨーロッパの大半を征服して皇帝になったんだからすごい話だ……兄さんやオーストリアは苦労させられたが

な、ナポ公がいた頃のフランスはやたら強かったんだよ！

フランス革命前なら下級貴族出身というだけで出世は制限されたはず。革命が起きて実力主義の時代になったからこそ彼は活躍できた。まさに革命の申し子なんだ

もしナポレオンが俺の家に生まれていたら、俺の独り立ちが早くなってたかも！

どちらにしても私は苦労することになったわけですね……

ナポレオンの思い出★

イギリス、落とし穴をしかける!?

ナポレオン、やる気を失う!?

プロイセン、見事にしてやられる!?

第2章
フランスとイギリスの世界遺産！

⑥ パリのセーヌ河岸・・・・・・・P30　⑨ ブレナム宮殿・・・・P36
⑦ フォンテーヌブロー宮殿・・・・P32　⑩ キュー・ガーデン・・・P38
⑧ ナンシーのスタニスラス広場・・・P34

Paris, Banks of the Seine
フランスの世界遺産
❻ パリのセーヌ河岸

DATA
登録名：パリのセーヌ河岸　登録年：1991　文化遺産

MAP

→ コンコルド広場のオベリスク（記念碑）とエッフェル塔 ←

オベリスクはエジプトから持ち帰られたんだ

エッフェル塔がよく見える場所だぞ！

フランスの中心、花の都！

　多くの芸術家に愛された都、パリ。街を流れるセーヌ川に沿った約8km（有名なルーヴル美術館やエッフェル塔を含む）がパリの歴史を物語るエリアとして世界遺産に登録されています。その中にある美しいコンコルド広場はかつて革命広場と呼ばれ、フランス革命の頃に国王ルイ16世をはじめ、幾多の人々が処刑された場所でもあります。

CHECK POINT!
- 17世紀以降、パリはヨーロッパの憧れだったよ！
- 現在のように整備されたのは19世紀のナポレオン3世の時代だよ！

時代解説　ヨーロッパを変えたフランス革命！

17世紀後半には国王ルイ14世が「私が国家だ」と言い切るような国だったフランス。しかし強過ぎる力には必ず反動が訪れるもの。まして18世紀後半になると商いで富を蓄えた市民も力をつけ、政治に不満を持つように。こうした状況で1789年に起きたのがフランス革命。この大事件が、それまでの家柄重視の社会から個人の実力重視の社会への転換点になりました。でも、最初は国王を処刑しようなんて物騒なことは誰も思っていなかった（※1）のです……。

※1……最初は国王ルイ16世のもとで国を改革しようとしていました。

～革命前夜の状況～

イギリス　プロセイン　対立　オーストリア　ロシア
シパパパ　　ライバル　　手を組む　分割
アメリカ　友好　フランス　友好　ポーランド

革命に散った王と王妃

ルイ16世　　マリー・アントワネット

← 王妃マリー・アントワネットはマリア・テレジアの末娘です。
4巻 P78 より

← 革命が進むとフランスはヨーロッパ中を敵に回すことに。
1巻 P57 より

ヘタリア的小ネタ1　フランス革命を見ていた各国は……

最初はわりと穏やかだったフランス革命。パリの騒ぎを聞いた各国でも意見は賛否両論あり、ドイツやイギリスでは革命を好意的に見る人も多かったのです。しかし各国ともルイ16世が処刑されると態度を一変させます（※2）。フランスも後には退けなくなり、革命は急速に過激になっていきました……。

※2……ほとんどのヨーロッパの国には王がいましたから、国王をギロチンにかけたフランスに風当たりが強くなるのは当然でした。

← 日本も数年後にオランダからフランス革命のことを聞いたとか。
4巻 P86 より

ヘタリア的小ネタ2　モン・サン・ミシェルが牢獄に？

フランスでもっとも人気のある世界遺産、モン・サン・ミシェル。中世にはカトリックの修道院だった施設ですが、フランス革命の頃には王政だけでなく宗教にも風当たりが強くなり修道院は廃止。しばらく監獄として使われました。1865年、ナポレオン3世（→P33）によって再び修道院として復活します。

← 要塞になったり監獄になったり、モン・サン・ミシェルも大変!?

ミニコラム　ルイ16世も市民も「国を変えよう！」という思いは同じでした。でも革命が進むと息苦しくなったルイ16世は王妃マリー・アントワネットの実家のオーストリアに逃亡を計画して失敗。人々の心は王から離れてしまいます。

The Fontainebleau Palace

フランスの世界遺産 ⑦ **フォンテーヌブロー宮殿**

DATA
登録名：フォンテーヌブローの宮殿と庭園　登録年：1981　文化遺産

↣ フォンテーヌブロー宮殿 ↢

今は美術館として公開されているんだ

ローマ教皇もここに滞在したんだって！

ナポレオンが改築した大宮殿

　パリの郊外、フォンテーヌブローの街にある、歴代のフランス国王が住んだ大宮殿。最初の建物はルネサンスの頃、イタリアが好きでレオナルド・ダ・ヴィンチとも友達だったフランソワ1世が作りました。フランス革命で調度品は売り払われ荒れ果てましたが、革命を収拾したナポレオンが自分好みに改装。美しく復活しました。

CHECK POINT!
- ルネサンスの時代にできた宮殿だよ！
- ナポレオンのお気に入りだったよ！
- ナポレオンが皇帝をやめた場所でもあるよ！

時代解説 革命をまとめたナポレオン

国王ルイ16世を処刑し、フランスはヨーロッパ中を敵に回すことに。しかし革命の火を消してはならぬと人々は大奮戦。文豪ゲーテはフランスがプロイセンを破った戦いに立ち会い、時代の変化を感じ取っています。しかし理想に走り過ぎて恐怖政治になったり、反動で緩みまくったりとフランスも内側では大わらわ。そんなフランスをまとめたのが田舎貴族出身の軍人・ナポレオンでした。彼が皇帝となり、一連の事件の中で市民が手に入れた権利を保証したことでフランス革命は完成します。

 1804年にナポレオンは国民投票の結果、皇帝になったんだ

 これで一応落ち着いたんだよね。革命の真っただ中のフランス兄ちゃんは熱に浮かされたようで怖かった〜

 俺やオーストリアやロシアにケンカを売りまくって、結局ナポレオンの帝国は崩壊したぞ

 フォンテーヌブロー宮殿でナポレオンは退位のあいさつをしたんだ……

1巻 P56より　一時はヨーロッパの大半を支配したナポレオン。

6巻 P68より　この頃、フランスがベルリンを占領したことも。

ナポレオンもロシアの冬将軍には勝てず……。
4巻 P71より

ヘタリア的小ネタ1　1848年の革命

1814年のナポレオンの失脚後、ヨーロッパはオーストリアのやり手政治家・メッテルニヒの主導でフランス革命以前の社会に戻そうとしました（→P47）。フランスでもブルボン家の親戚にあたるオルレアン家のルイ・フィリップが王になりましたが1848年、市民の不満が大爆発！　この2月革命によって王はイギリスに脱出しました。

この事件はオーストリアやハンガリーにも影響を与えました。
4巻 P82より

ヘタリア的小ネタ2　ナポレオン3世の登場

1848年の革命で共和制になったフランスではその後、ナポレオンの甥のナポレオン3世が大統領に選ばれ、さらにおじと同じく皇帝になります。彼のもとでパリは現在の姿に大改造され、フランスは再び強くなりますが!?

▲ナポレオン3世

 お兄さんちの最後の君主だぞ

俺にも言わせろ！ by ドイツ
ナポレオン3世はフランスを強くしようとしてオーストリアや兄さんと対立したんだ。だが兄さんを甘く見て1871年に普仏戦争で敗れ、イギリスに亡命したぞ。

 伯父ほど戦いは上手くなかったんだな

ミニコラム　ナポレオンの出身地は世界遺産（自然遺産）にも登録されているコルシカ島。ナポレオンが生まれる少し前まではイタリアの家の一部で、タッチの差でフランスに譲渡されたためにナポレオンはフランス人になりました。

Nancy, Place Stanislas

フランスの世界遺産 ⑧ ナンシーのスタニスラス広場

DATA
登録名:ナンシーのスタニスラス広場、カリエール広場及びアリアンス広場　登録年:1983　文化遺産

MAP

→ スタニスラス広場の黄金の門 ←

アール・ヌーヴォーは新芸術という意味なんだ

俺の昔の上司とも縁の深い場所だし〜

華やかなロココとアール・ヌーヴォーの街

　フランスとドイツが何度も領有権を争ったロレーヌ地方の中心都市、ナンシーはロココ調の美しさを堪能できる街。3つの広場が世界遺産に登録されており、特に人気なのがスタニスラス広場です。またナンシーは19世紀末の豊かな芸術様式、アール・ヌーヴォーの発祥地で、ガラス工芸家のエミール・ガレの故郷でもあります。

CHECK POINT!
- ロレーヌ地方はフランスとドイツの間にあるよ!
- ナンシーはアール・ヌーヴォー発祥の地でもあるよ!

時代解説 フランスに逃げ込んだポーランド王!?

18世紀、ポーランドは上司を誰にするかもめていました。そして1733年、このフランスのルイ15世の後押しで上司になったのがスタニスラス＝レクザンスキ。ルイ15世が応援したのは、王妃が彼の娘だったから。フランスの出しゃばりにオーストリアやロシアが怒って起きたのがポーランド継承戦争です。結局スタニスラスはポーランドを去り、ルイ15世からロレーヌ地方をもらうことに（※）。スタニスラス広場は、スタニスラスが恩人ルイ15世を讃えて作った公園です。

※……ロレーヌ地方をスタニスラスが治めるのは一代限りで、彼の死後はフランスのものになりました。それまではオーストリアのマリア・テレジアの夫になるフランツ公が治めている国でした。ルイ15世はふたりの結婚を認めるかわり、ロレーヌ地方を譲れと迫ったのでした。

この時代、スペインはちょくちょくオーストリアとケンカしてました

1巻 P114 より

← この戦いでスペインはオーストリアに一時奪われていたナポリとシチリアを取り戻しています。

ポーランドの上司をめぐってケンカ勃発！

フランス　スペイン　VS　オーストリア　ロシア
イタリア　　　　　　　　　　　プロセイン

ヘタリア的小ネタ1 ロココとアール・ヌーヴォー

18世紀に流行したロココ美術は貴族趣味全開の優雅さが特徴。アール・ヌーヴォーは19世紀末に誕生し、左右非対称の有機的な曲線が多用されています。ナンシーは両方が楽しめる街です。

 アール・ヌーヴォーはヨーロッパのあちこちで展開されたんだ

芸術の変化

17世紀 バロック 派手で豪華
18世紀 ロココ 軽快で華麗
19〜20世紀 アール・ヌーヴォー 自然をモチーフ、曲線的
20世紀 アール・デコ シャープで都市的

ヘタリア的小ネタ2 ジャポニスム

19世紀末に起きたアール・ヌーヴォーはロココや動植物などに由来していますが、日本の浮世絵の様式、いわゆるジャポニスムも大きな影響を与えました。写実的に描くことを重視してきたフランスたちには浮世絵の描き方が新鮮だったのです。19世紀の画家、ゴッホも日本にとても興味を持っていたとか。

浮世絵「大はしあたけの夕立」

独特の構図
空間の表現
明確な輪郭線

 ミニコラム　エミール・ガレはガラス工芸の達人でアール・ヌーヴォーを代表する芸術家。きのこ型ランプや植物を描いた花瓶などが有名です。日本の美術にも興味を持ち、葛飾北斎が描いた鯉などをモチーフにした作品もあります。

The Blenheim Palace
イギリスの世界遺産
⑨ブレナム宮殿

DATA
登録名：ブレナム宮殿　登録年：1987　文化遺産

⇒ ブレナム宮殿と庭園 ⇐

庭園の美しさはイギリス屈指！

　スペインの上司を誰にするかでフランスやオーストリアが大ゲンカしたスペイン継承戦争の戦いのひとつ、1704年のブレナムの戦いを勝利に導いた初代マールバラ公ジョン・チャーチル（※1）。その功績を称えてアン女王が彼に与えたお屋敷がブレナム宮殿です。バロック様式の豪華な建物と、季節ごとの花が咲き乱れる大庭園が見どころです。

※1……WW2で活躍したチャーチル首相のご先祖様。

ロンドンから日帰りできるんで観光客に大人気だ

俺が負けた戦いがきっかけで建てられたんだよな〜

CHECK POINT!
- ブレナムの戦いに勝ったご褒美に建てられたよ！
- WW2で有名なチャーチルゆかりの宮殿だよ！

時代解説　イギリス大活躍!?　大英帝国への道

中世の英仏百年戦争（1337〜1453年）以来、ヨーロッパの大陸の中で起きるもめごとには深く首を突っ込まないようになったイギリス。18世紀には海外に活路を見出し、フランスとボコスカやり合いながらインドやアメリカ大陸などに別荘（※2）を築いていきました。18世紀後半にアメリカに独立され、さらに革命の中から登場した最強上司ナポレオンの率いるフランスと殴り合う羽目になりますが何とか乗り越え、19世紀には大英帝国と呼ばれるほどに繁栄しました。

※2……植民地のこと。

〜イギリスの基本スタンス〜

イギリス　静観中……
大陸の騒ぎはまかせるぜ！
プロセイン
にらみ合い！
フランス　ロシア
オーストリア

フランス兄ちゃんとはヨーロッパの外で激しくやり合ってたんだよね

俺の家の中とか、カナダの家の中とかだな

6巻P52より
フランスとイギリスはいつの時代もライバル、いつも色んな場所でケンカをしていました

←何度も戦ってきた両者。フランスは陸軍、イギリスは海軍が強い国でした。

ヘタリア的小ネタ1　イギリス貴族の田舎趣味

ブレナム宮殿のような、都市の喧騒から距離を置いた美しい田舎に建てられた貴族の大邸宅はカントリー・ハウスと呼ばれ、19世紀頃のイギリスを扱った小説や映画の舞台にもよく登場します。イギリスでは社会的に成功すると田舎に別荘を建てるのがステータスなのだとか。

田舎っていいよな〜

俺にも言わせろ！ by アメリカ
19世紀も後半になると社会の変化や不況でカントリー・ハウスみたいな屋敷の維持は大変だったとか。ブレナム宮殿の持ち主のマールバラ公もこの頃、俺の家出身の大富豪の娘さんと、援助を当てに結婚しているぞ。

ヘタリア的小ネタ2　鉄道と馬車と

19世紀のイギリスといえば産業革命を経て社会のあり方が大きく変わった時代。その変化の象徴のひとつが鉄道で、一般人でも遠くへ旅行できる（※3）ようになりました。一方で街の中の移動には、まだ馬車も使われていました。

※3……鉄道が整備されるまでは、旅行はお金持ちにしかできないレジャーでした。

19世紀の辻馬車（つじばしゃ）

↑辻馬車は19世紀版のタクシー。ちなみに馬車を個人所有できるのは大金持ち！

小説「シャーロック・ホームズ」には辻馬車や鉄道がよく登場しますよね

ミニコラム　ブレナム宮殿のような大邸宅は絵になるためか、よく映画のロケに使われています。近年でもブレナム宮殿は某プリンセスの映画や眼鏡の魔法少年が活躍する映画などに登場しています。

Kew Gardens
イギリスの世界遺産
⑩ キュー・ガーデン

DATA
登録名：キュー王立植物園　登録年：2003　文化遺産

→ キュー・ガーデンのパームハウス ←

「キュー」は地名なんだ

今もいろんな植物の研究をしているぞ！

世界で最も有名な植物園!?

　イギリスの首都・ロンドンの南西にある王立植物園。18世紀に熱帯の植物を集めた庭から始まった施設で、19世紀には世界中の植物が集められました。植物園としてはもちろん、ヴィクトリア朝時代のガラス建築のパームハウスや仏教の塔のようなパゴダなど見どころは盛りだくさん。イギリスが大好きな紅茶ともゆかりのある場所です。

CHECK POINT!
- イギリスは昔、中国から紅茶を買っていたよ！
- 何とか紅茶を自分で作ろうと考えたよ！

時代解説 イギリス、中国から紅茶をゲットする

17世紀頃からイギリスに広まった紅茶。産業革命の時代には中産階級の人々にもおなじみの飲み物になっていました。が、この時代の紅茶はすべて中国産。中国との貿易はイギリスの万年大赤字でした……。そこでイギリスは19世紀、自分の別荘のあるインドで紅茶を作ろうと計画。プラントハンターに頼んで中国から茶の種を持ち出し、インドで栽培することに成功します。こうして作られるようになったのが現在でも人気のダージリンティーです。

～当時の英中貿易～

中国

イギリス
紅茶など ↓
時計など ↑
イギリスの大赤字……

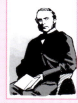
プラントハンター、ロバート・フォーチュンが中国へ向かうことに！

ロバートさんは私の家にも来ましたね

3巻P36より
←独立前のアメリカがイギリスやオランダから買っていたのも中国産の紅茶でした。

3巻P75より
←この時代の中国には、わざわざヨーロッパから取り寄せたいものはなかったのでした……。

ヘタリア的小ネタ アヘン戦争

イギリスが紅茶を中国から持ち出す少し前に起きたのが1840年のアヘン戦争。赤字貿易を解消しようと、中国にインドの別荘で取れたアヘンを売ったことから起きた戦争です。この戦争で敗れた中国はイギリスに自由貿易をはじめさまざまな権利を認めることになり、そして香港をドナドナされてしまったのでした。

4巻P88より
←アヘン戦争で中国が敗れたことは日本にも伝わっていました。周りの方々が変わって行く中そろそろこのままではいられぬだろうというような気配は感じておりました。清が敗れてからというもの……わかった……はい　とったな

関連する世界遺産 海事都市グリニッジ Maritime Greenwich

海事都市グリニッジ　ロンドン　MAP

グリニッジはロンドンの南東にある港町。天文台などの歴史的な建物が世界遺産に登録されています。グリニッジに保存されているカティサーク号は19世紀に紅茶を中国から運んだ帆船です。

カティサークは短い下着という意味だ

ミニコラム　中国に麻薬のアヘンを売っていたイギリスですが、この時代のイギリスでは合法な薬物でした。小説「シャーロック・ホームズの冒険」の一篇「唇のねじれた男」では、ロンドンにあるアヘン窟が登場しています。

ヘタリアンヒストリー・ガイド！③
19世紀の名探偵に迫る！

 この本で扱っている19世紀頃のイギリスさんといえば……
やはりシャーロック・ホームズが気になります！

 あはは、日本の家にはホームズの
ファンが多いっていうもんね〜 ミステリー好き必見のシリーズだが
「最後の挨拶」（※1）は……うーむ

 シャーロック・ホームズはアーサー・コナン・ドイルの書いた推理小説の主人公だな。
1887年から1927年にかけて執筆されたベストセラーなんだ

 俺の家でも映画やドラマが作られているぞ。今も人気があるからすごいな！

 でも大丈夫ですか？　以前の僕の家であったみたいに、
イギリスさんからスコットランドさんが独立しようって話が……

 コナン・ドイルはスコットランドのエディンバラ生まれだもんな〜。
ホームズの出身で揉めることになったりしたらどうするよイギリス？

 う、うるさいな。ホームズの住まいはロンドンにあるから大丈夫だって！
……万が一のことがあってもブリテン島のヒーローってことになる……と思う

 ちなみに俺の家で有名なアルセーヌ・ルパンはホームズより
少し後に生まれたキャラクターなんだ

 あ、ルパンさんも有名ですよね！
小説ではホームズさんと対決してたり……

  それは日本向けに翻訳（※2）
されたやつだな（苦笑）

※1……1917年に発表された短編。小説の中での時系列ではシャーロック・ホームズが最後に扱った事件で、WW1直前に起きた事件を描いています。

※2……フランス語版のルパン作品にはエルロック・ショルメ（Herlock Sholmès）という探偵が登場します。名前のつづりを見れば一発で元ネタが分かるキャラクターで（笑）、日本ではシャーロック・ホームズと翻訳している本も。

まとめ
* ホームズはちょうど大英帝国華やかなりし時代の名探偵だよ！
* 作中では当時のイギリスの様子がいきいきと描かれているよ！
* スコットランドでももちろん有名人で、エディンバラにはホームズの銅像があるよ！

第3章
ドイツ周辺の世界遺産！

⑪ ベルリンの博物館島・・・P42
⑫ ライン川・・・・・・・・P44
⑬ ウィーン・・・・・・・・P46
⑭ ブダペスト・・・・・・・P48
⑮ レーティッシュ鉄道・・・P50

Museumsinsel (Museum Island), Berlin

ドイツの世界遺産

⑪ベルリンの博物館島

DATA
登録名：ベルリンのムゼウムスインゼル（博物館島）　登録年：1999　文化遺産

ベルリンの博物館島
ドイツ
MAP

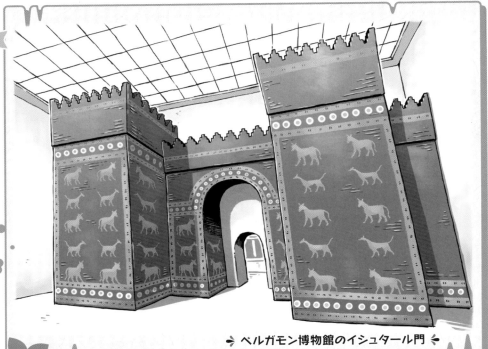

➡ ペルガモン博物館のイシュタール門 ⬅

ペルガモン博物館は古代ローマや古代オリエントの美術品を扱っているぜ

5ヶ所全部見て回るには体力がいるぞ！

5つの博物館が集まる芸術スポット

　ドイツの首都ベルリンを流れるシュプレー川の中州の北半分は大きな博物館や美術館が集まっているエリア。1830年にプロイセン王室のコレクションを集めた旧博物館が作られたのを皮切りに19～20世紀にかけてペルガモン博物館など、さらに4つの施設が完成しました。この時代はドイツにとって、とても重要な時期でもあります。

CHECK POINT!
- 19～20世紀にいろいろな美術品が集められたよ！
- 19世紀後半にドイツは統一したよ！

時代解説 プロイセンの主導で19世紀にドイツ統一！

ドイツの兄たちは17世紀の三十年戦争で実質的にはバラバラになっていたものの、隣のフランスに対抗するため一応はハプスブルク家が率いるオーストリアをトップに神聖ローマ帝国という枠をキープしていました（※）。そんな中、18世紀に頭角を現したのがプロイセン。19世紀初頭にナポレオンに散々な目に遭わされましたが持ちこたえ、19世紀後半にはドイツからオーストリアを追い出し、フランスを踏み台にして1871年にドイツ帝国を完成させます。

※……1806年、ナポレオンによって神聖ローマ帝国は完全に消滅。

年表 ～ドイツの統一まで～

1806年	ハプスブルク家のフランツ2世、神聖ローマ帝国の解散を宣言
1814年	ナポレオン、皇帝を退位。オーストリアなどを中心に国際協調を図るウィーン体制が始まる
1848年	ウィーンやベルリンで三月革命。ウィーン体制、崩れ始める
1866年	普墺戦争でプロイセンがオーストリアを破る
1870年	普仏戦争が起きる
1871年	ドイツ帝国成立

6巻P65より

6巻P68より
プロイセンのドイツ統一への道！

↓プロイセンに敗れたオーストリアはハンガリーと帝国を作りました。
6巻P66より

ヘタリア的小ネタ コーヒー不足に怒ったプロイセン!?

ナポレオンはイギリスをいびろうとして、1806年にイギリスとの貿易の一切を禁止する命令（大陸封鎖令）を各国に出しました。その結果、プロイセンではコーヒーが輸入されなくなり値段が高騰！　人々は代用コーヒー作りに励む羽目に……。ナポレオンの勢いが落ちると逆襲に転じるプロイセンですが、それにはコーヒーの恨みもあったとか!?

4巻P29より
←オーストリアやプロイセンたちはコーヒーが大好き！

関連する世界遺産 フェルクリンゲン製鉄所 Völklingen Ironworks

MAP

19世紀末～20世紀にかけて1世紀以上も活躍した製鉄所。工場として初めて世界遺産に登録されました。WW2でも無傷で、戦後のドイツの復興を支えました。1986年に操業が停止されました。

今は博物館として人気なんだ

ミニコラム 大陸封鎖令は商売に関わるものだったので素直に従わない国もありました。ナポレオンがロシアに遠征した理由も、ロシアがイギリスと貿易したためです。しかし遠征は大失敗し、ナポレオンは衰えていきます。

The Rhein
ドイツの世界遺産 ⑫ ライン川

DATA
登録名：ライン渓谷中流上部　登録年：2002　文化遺産

MAP

➤ ライン川とローレライの岩壁 ➤

「ライン川下りは観光客に大人気だぞ」

「白ワインの生産地としても有名なんだ」

ドイツの歴史を育んだ父なる川

　スイスのアルプスからドイツ、オランダにかけて流れ、北海に注ぐライン川。古来からヨーロッパ各地を結ぶ大動脈として、その沿岸には多くの城が築かれました。ドイツの人々には「父なるライン川」として親しまれています。この川の中流上部、コブレンツからビンゲン・アム・ラインの間の65kmの渓谷が世界遺産に登録されています。

CHECK POINT!
- ロマンチックなローレライの伝説があるよ！
- 以前、ライン川がドイツとフランスの国境だったことも!?

時代解説 ドイツのロマンとメランコリーに迫る！

フランスが革命やナポレオンの登場で大騒ぎしていた頃、ドイツ界隈では文学や音楽で多くの天才が登場し（ゲーテやモーツァルトなど）文化的には黄金期！　知識層では革命による人民の解放が熱狂的に賛美されました（※1）。この時代の劇的（ドラマチック）な芸術スタイルはロマン派と呼ばれます。しかし革命が血生臭くなりナポレオンが神聖ローマ帝国をぶち壊すと人々は幻滅。ドイツは現実逃避して幻想的なメランコリーにふけるように……。19世紀、こうした思いの中でドイツの民族意識は高まっていきました。

※1……音楽家のベートーヴェンはナポレオンのために「英雄」を作曲しましたが、彼が皇帝となり独裁を始めると彼を厳しく非難しました。

ドイツはじーっと瞑想するのが好きなんだって。俺はそういうの苦手かな？

堅物で真面目なわりに、理性より感性で動くところがあるんだよな～

←ロマン派の音楽家にはシューベルトやブラームスがいます。

1巻 P36 より

1巻 P24 より

←静かに物思いにふけるのが好きなドイツ。にぎやかなイタリアとは正反対？

ヘタリア的小ネタ1　ラインラントとWW2

世界遺産になっている部分を含むライン川中流の西側の地域がラインラント。古代ローマの時代から栄えてきた場所ですが、フランスと接しているのでしばしば戦場にもなりました（※2）。WW1後には非武装地帯に指定されましたが、ヒトラーがドイツ軍を進駐させたのがきっかけで世界はWW2へ動いていきます。

※2……フランスとしてはライン川をドイツとの天然の国境にしたいという考えが古くからありました。むろん、それが難しいことも理解していました。

5巻 P48 より

←マジノ線を作ったのでラインラントを取られても平気と思っていたフランスでしたが！？

ヘタリア的小ネタ2　ローレライこぼれ話

ライン川下りの名物といえば美しい数々の古城とローレライの岩壁。岩の高さは約132mもあります。このあたりは流れが速く、多くの舟が事故を起こした難所。船乗りを惑わす魔女ローレライの伝説で有名です。が、実はこの伝説は19世紀生まれとけっこう最近なのです。

ハイネの詩で有名になったんだ

私にも言わせろ！ by ギリシャ

ハイネのローレライの元ネタはたぶん……ギリシャ神話のセイレーン。上半身が美女……下半身は鳥。美しい歌声で……船乗りを引き寄せ海に沈める……。

セイレーン

ミニコラム　ライン川の美しさを広めたのは18～19世紀頃のイギリス人。ちょうどイギリスで雄大な自然の観光がブームだったのです。また、中世の朽ちた古城や廃墟を舞台にしたゴシック・ホラー小説も大人気でした。

Vienna

オーストリアの世界遺産

⑬ウィーン

DATA
登録名：ウィーン歴史地区　登録年：2001　文化遺産

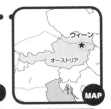
MAP

➺ ウィーンのホーフブルク宮殿 ☙

重厚な石造りの建物が多い街です

ウィーンと言えば、甘〜いザッハ・トルテも有名だよな♪

ハプスブルク家と歩んだ芸術の都

　音楽や芸術で名高いオーストリアの首都。15世紀以降、神聖ローマ皇帝を世襲するようになったハプスブルク家のお膝元の街として繁栄しました。現在の姿は19世紀、オーストリア＝ハンガリー二重帝国時代の皇帝、フランツ・ヨーゼフ1世が改造した賜物。彼は街を囲む古い城壁を壊し、旧市街をぐるりと取り囲む環状道路(リンク)を建設しました。リンクの内側にはハプスブルク家のホーフブルク宮殿など、美しい建物が多数あります。

CHECK POINT!
- 昔からいろいろな民族の人々が集まる街だよ！
- クラシック音楽の本場だよ！

時代解説 オーストリア、受難の19世紀

マリア・テレジアの決断でフランスと協力しプロイセンと戦った18世紀のオーストリア。しかし18世紀末にはフランスとの仲がいろいろ大変なことに……（※1）。ナポレオンが失脚した1814年、やり手宰相メッテルニヒの指導でヨーロッパのリーダーシップを取り返しますが（※2）、のちにメッテルニヒは追放。多くのドイツの兄たちはプロイセンとドイツ帝国を作り、手元にいたイタリアも独立。残されたオーストリアはハンガリーと帝国を作ります。この帝国はWW1が終わる1918年まで続くことになります。

※1……フランス革命で処刑されたマリー・アントワネットはマリア・テレジアの末娘。さらにナポレオンは皇帝になった後、箔をつけるためにハプスブルク家の皇女マリー・ルイーズと結婚しました。

※2……ナポレオンの失脚後、メッテルニヒはウィーン体制を主導。各国の王や貴族たちが全てをフランス革命前に戻そうとしました。しかし1848年の各地で起きた革命をきっかけに崩壊。

あちこちからつっつっかれ……

4巻P82より
1848年までは安定していたオーストリアですが？

メッテルニヒ

4巻P83より
自分の息子の邪魔になるメッテルニヒを追い出したゾフィー妃。

ヘタリア的小ネタ ドロテウムへ行こう！

ドロテウムはウィーンの高級オークションハウス。起源は1707年に作られた公営の質屋です。この質屋にはマリア・テレジアの跡を継いだヨーゼフ2世が古い帽子を持って訪れたことがあるとか。この話の真偽はともかく、彼は隠密に国内のあちこちを旅して回り、民衆のためにいろいろな改革を行ったそうです（※3）。

※3……熱意はあったものの粘り強い母と違ってせっかち過ぎたため、成果はいまひとつでした。

4巻P75より
ドロテウムの店員が貧乏人を相手にしないと聞き、調査に向かったヨーゼフ2世なのでした。

関連する施設 リヒテンシュタイン美術館
Lichtenstein Museum

リヒテンシュタインの上司のリヒテンシュタイン侯爵家は、先祖代々ハプスブルク家に仕えた超名門貴族。ウィーンにも立派な宮殿を持っており、現在は予約制の美術館として公開されています。

建物は2つあるんですよ

ミニコラム　長らくオーストリアを牛耳ったメッテルニヒですが1848年にウィーンで起きた暴動の責任を取り辞任。この後、皇帝になったのがフランツ・ヨーゼフ1世です。彼がオーストリアの実質的な最後の皇帝になりました。

Budapest
ハンガリーの世界遺産
⑭ブダペスト

DATA 登録名:ドナウ河岸、ブダ城地区及びアンドラーシ通りを含むブダペスト　登録年:1987、2002　文化遺産

MAP

ブダペストのドナウ川にかかるくさり橋と王宮

ドナウの真珠と呼ばれる美しさが自慢なの！

カフェや温泉がたくさんあるんですよね

ウィーンと共に帝国を支えたドナウの宝石

　ブダペストはドナウ川沿いにあるハンガリーの首都。19世紀にウィーンと並ぶオーストリア＝ハンガリー二重帝国のもうひとつの首都として繁栄しました。もともとは王宮のある西岸のブダと東岸の商業地区ペストというドナウ川を挟んだ2つの街でしたが1849年、両岸を結ぶくさり橋が完成。1872年、ブダペストというひとつの街になります。

CHECK POINT!
- もともとはブダとペストという2つの街だよ！
- 19世紀に1つの街になったよ！

時代解説 ハンガリー、オーストリアと帝国になる

16世紀以来、ハンガリーの王位はオーストリアのハプスブルク家が担っていました（※）。しかし19世紀初頭にオーストリアが盟主だった神聖ローマ帝国がナポレオンによって解散。力が衰えたオーストリアは自分の家に抱えるイタリアなどドイツ系以外のいろいろな民族に自己主張され苦労します。そんな中でハンガリーも独立を考えましたが、説得されて1867年にオーストリアと二重帝国を作ることに。ブダペストが美しく発展したのがこの二重帝国時代です。

※……といってもこの頃からハンガリーは自分の政府を持っていて、ハプスブルク家にがっちり支配されているわけではありませんでした。

オーストリア＝ハンガリー二重帝国の構造

1巻P37より

オーストリア皇帝兼ハンガリー国王

上司はフランツ・ヨーゼフ1世

オーストリア政府　ハンガリー政府
↓支配
他の中〜東欧諸国

オーストリアさんとお別れするのも寂しかったし二重帝国がちょうど良かったの

イタリアは独立するしプロイセンはドイツ帝国を作るしで大変な時代でした……

← 18世紀にはオーストリアとともにプロイセンと戦ったことも。
1巻P113より

ヘタリア的小ネタ 悲劇の皇后エリーザベト

オーストリアたちが二重帝国を作った頃の皇帝フランツ・ヨーゼフ1世の妻は、美人で有名なエリーザベト。皇帝は心から彼女を愛しましたが、堅苦しい生活になじめなかった彼女はウィーンを離れ旅行するのを好みました。しかし1898年、旅行中に暗殺されてしまいます……。

エリーザベト

姑ゾフィーはメッテルニヒを追い出すほど強かった……
4巻P83より

関連する世界遺産 トカイのワイン産地
Tokaj Wine Region

トカイのワイン産地 ★
ハンガリー
MAP

6巻P91より

トカイ地方で作られる貴腐ワインは甘くて美しい黄金色なのが自慢。ルイ14世や、マリア・テレジアもとりこになったとか。

ミニコラム　ブダペストには、ハンガリーを愛したエリーザベト皇后がよく通ったというカフェ・ジェルボーがあります。1858年に誕生し、今も営業している由緒正しいカフェです。日本にも支店があります。

Rhaetian Railway

スイスの世界遺産

15 レーティッシュ鉄道

DATA
登録名：レーティッシュ鉄道アルブラ線・ベルニナ線と周辺の景観　登録年：2008　文化遺産

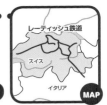
MAP

→ レーティッシュ鉄道 ←

スイスの近代化を支えた鉄道

1904年に開通したレーティッシュ鉄道はスイス最大の私鉄。とても山が険しいスイスですが、技術の発展により鉄道が完成したことで人々は安心して各地を行き来できるようになりました。世界遺産に指定されているのはアルブラ線とベルニナ線という路線で、特にアルブラ線にあるラントヴァッサー橋周辺の景観は大迫力です！

CHECK POINT!
- 20世紀初頭の鉄道の最高の技術が詰まっているよ！
- ラントヴァッサー橋は高さが約65mもある石の橋だよ！

「アルブラ線には多くの橋やトンネルがあるのだ」

「俺の家にも少しだけ線路が入ってるんだよ～」

時代解説 スイス、傭兵稼業から永世中立へ

　自然が険しく農業で人々を養うのは困難なスイス。そこでスイスは中世以来、傭兵を各国に送り外貨を稼いでいました。お得意様はフランスやオーストリア、バチカンなどなど。16世紀のローマ略奪や18世紀のフランス革命では多くのスイス傭兵が戦死しました。ナポレオンの時代には彼の味方になり、ナポレオンがロシアの冬将軍に叩きのめされたときには懸命に戦ってフランスへ逃げ帰るのを助けています。（→P57）
　ナポレオンの失脚後、スイスは自分の中立がみんなの安全に大切だと主張（※）。この主張が認められ、1815年にスイスは永世中立国になりました。以来200年、銀行を営みつつWW1やWW2をくぐりぬけて現在に至っています。

※……この時代になるとスイスでも時計産業などが発展し、傭兵稼業に頼らなくてもやっていけるようになっていました。

3巻P54より
←ときにはスイス傭兵同士で戦う羽目になったことも……。

2巻P47より
←WW1の頃、瀕死のリヒテンシュタインを救ったスイス。

スイス傭兵のお得意先

 ←輸出― ―輸出→ バチカン
フランス　　スイス

兄様も昔は大変だったのですね……

ヘタリア的小ネタ ドイツとスイスとコンディトライ

　出稼ぎが伝統だったスイスですが、もちろん傭兵ばかりしていたわけではありません。ドイツにはコンディトライと呼ばれるケーキ屋兼カフェがあり、このスタイルを完成させたのはスイス出身の菓子職人たち。19世紀のベルリンではスイスのスイーツが大人気だったとか。

俺の家で身に付けたカフェのノウハウで成功したんだって！

1巻P37より
←ドイツたちは大きなケーキ（トルテ）とコーヒーが大好物！

関連する世界遺産 ベルン Bern

MAP

　ベルンは中世の街並みが残る美しいスイスの首都。名前には熊という意味があります。これは街を作った領主様がこの土地で最初に狩りをしたときの獲物が熊だったからだとか。花と緑が豊かで、噴水が多い街としても知られています。

時計塔は街のシンボルなんですよ

ミニコラム　スイスに銀行ができたのは19世紀の鉄道ブームがきっかけ。鉄道を作るには莫大なお金がかかるため、資金を集めるために銀行が設立されたのです。ちなみに「スイス銀行」とは「スイスにある銀行」の総称。

ヘタリアンヒストリー・ガイド！④
重い過去を持つ世界遺産

 ここでは本編には登場しなかった、重い過去がある世界遺産を紹介しよう

 ドイツ、大丈夫？　いろいろ思うところがあるだろうけど

 ……平気だ、イタリア。やはり有名なのは「アウシュヴィッツ・ビルケナウナチスドイツの強制絶滅収容所（1940-1945）」だな。今はポーランドの世界遺産だ

 20世紀のWW2の頃、ヒトラーのナチス・ドイツが毛嫌いしたユダヤ人をはじめ、政治犯、移動型民族、同性愛者も収容されたそうだし

 ドイツがなした最悪の戦争犯罪の記憶……だな。
1979年、語り継がれるべきものとして世界遺産に登録されたんだ

 ポーランドの家では首都のワルシャワも世界遺産ですよね。WW2で破壊されましたが、ガレキをできる限り再利用して街を見事に復元したのが評価されたんです

 私の家で重い世界遺産と言えば広島県にある原爆ドームでしょうか。
WW2で原子爆弾が落とされたときの姿が残っています

 そういえば世界遺産ではないですけど、私の家にイタリア君の上司が贈ってくれた古い柱がありまして……WW2の後はアメリカさんに睨まれましたねえ

 僕の家のソロヴェツキー修道院も負の遺産と呼ばれることがあるね。
ソ連時代に強制収容所だったから

 それを言うなら、お兄さんちのモン・サン・ミッシェルだって
フランス革命の頃は牢獄だったしコンコルド広場は処刑場だ……。
いろいろな過去があったけど、それを踏まえて前に進んで行きたいものだよな

 わ、フランス兄ちゃんが何だかカッコいい！

アウシュビッツの慰霊碑

ワルシャワ王宮

原爆ドーム

第4章
ロシア周辺の世界遺産！

⑯ ノヴォデヴィチ女子修道院・・・P54
⑰ ネスヴィジ城・・・・・・・・P56
⑱ リガ・・・・・・・・・・・P58
⑲ シュトルーヴェの測地弧・・・P60

Novodevichy Convent
ロシアの世界遺産
⑯ ノヴォデヴィチ女子修道院

DATA
登録名：ノヴォデヴィチ女子修道院群　登録年：2004　文化遺産

MAP

↠ ノヴォデヴィチ女子修道院 ↞

ソ連時代には閉鎖されていたけど、ソ連崩壊後に復活したんだよ

ここの墓地にはロシアちゃんちの有名人がたくさん眠っているの

小説にも登場する美しい修道院

　三方をモスクワ川に囲まれた立地にある正教会の女子修道院。鐘楼や居住区など、14の建物で構成されています。1524年に創建され、さまざまな理由で家を出ることになった皇族や貴族など名門の家柄の女性を受け入れてきました。ロシアの作家トルストイの「戦争と平和」や「アンナ・カレーニナ」に登場することでも有名です。

CHECK POINT！
- 上流階級の女性が受け入れられたよ！
- 有名人のお墓が多いよ！
- ソ連時代はエリートが葬られたよ！

時代解説 ロシア帝国とナポレオン、そして革命へ

幼少期の苦難を乗り越え、18世紀にはスウェーデンを負かすほどに成長したロシア。力の衰えたポーランドやオスマン帝国に迫って家を広げていきました。そして19世紀初頭に対決した相手がナポレオン。モスクワに攻め込まれノヴォデヴィチ女子修道院を焼かれかけましたが、冬将軍の力を借りて撃退。国際社会での存在感がアップします（※）。しかし20世紀のWW1後に革命が起き、ロシアはソ連と名前を変えます。

※……一連の騒動の中でロシアはフィンランドをゲット。この後、フィンランドが独立するのは約1世紀後の1917年になります。

年表 ロシアの歴史

1721年	ロシア帝国が成立
1772～1795年	ポーランドを分割する
1812年	ナポレオンと対決する
1853年	オスマン帝国などとクリミア戦争
1914年	WW1が起きる
1917年	第2次ロシア革命で帝国が崩壊
1922年	ソビエト連邦が成立

1巻 P51 より

→とても寒くて厳しいロシアの冬には、ナポレオンの勢いもかないませんでした。

2巻 P56 より

←ソ連にはウクライナやベラルーシ、バルト三国など多くの国が含まれていました。

ヘタリア的小ネタ ソ連の崩壊

ロシア革命を経てウクライナやベラルーシ、バルト三国たちとともにソビエト連邦という大きな家を作ったロシア。WW2後は世界を二分する超大国としてアメリカと激しく睨み合ったことも。しかし次第に家のあちこちがきしみ始め、1991年にソ連は崩壊しました。

 崩壊からしばらくは苦労したなー

俺にも言わせて！ by リトアニア

俺の家は歴史的に、バルト三国の中でも特にカトリックの人が多いんです。でもソ連時代はロシアさんに宗教を禁止されて大変でしたね……。

5巻 P65 より

関連する世界遺産 セルギエフ・ポサード
Sergieyv Posad

MAP

モスクワの北東70kmにある宗教都市。聖セルギイゆかりの修道院など、数々の美しい教会建築があります。ソ連時代には宗教関連は抑圧されていたのでザゴルスクと呼ばれていたそうです。

 イラストはウスペンスキー大聖堂だよ！

 ミニコラム

ノヴォデヴィチ女子修道院はすぐ近くにある湖ごしに見る眺めがベストです。19世紀後半のロシアの作曲家、チャイコフスキーは、この湖の近くを歩きながらバレエ音楽の傑作「白鳥の湖」の構想を練ったのだとか。

Nesvizh Castle
ベラルーシの世界遺産
⑰ ネスヴィジ城

DATA
登録名:ネースヴィジのラジヴィール家の建築、住居、文化的複合体　登録年:2005　文化遺産

MAP

→ ネスヴィジ城 ←

幾多の戦いをくぐり抜けたお城

広い庭園がとても綺麗なのよ

ラジヴィウ家は東欧で大活躍したし！

　ベラルーシのネスヴィジにある美しいお城。もとの持ち主は16世紀にこの一帯の土地を相続したポーランド＝リトアニアの有力貴族、ラジヴィウ家でした。しかし18世紀以降はスウェーデンやロシア帝国に略奪されたりソ連時代にはサナトリウム(療養所)に使われるなど数奇な運命をたどり、21世紀にベラルーシの世界遺産に落ち着きました。

CHECK POINT!
● 元の持ち主はリトアニアの貴族だよ！
● ソ連時代はサナトリウムだったよ！

時代解説 ベラルーシとロシアのお熱い関係!?

ベラルーシの家があるあたりは昔、ポーランド＝リトアニアの家の中でした。しかし18世紀後半にロシアとプロイセン、オーストリアが元気をなくしたポーランドを切り分けたときにベラルーシはロシアの家に入ることに。20世紀のWW2後にはロシアの指導のもと、ソ連の一員になりました。ソ連が崩壊するとバルト三国などと同様に独立しましたが、その後もロシアとは緊密な関係を保っているようです!?

年表　ベラルーシの歴史

14世紀末	ポーランド＝リトアニア王国の一部になる
1772～95年	ポーランド分割でロシアに組み込まれる
1812年	ナポレオンに攻め込まれる
1917年	ロシア革命
1922年	ソ連に参加
1991年	ベラルーシ、独立する

2巻P54より

→わりと好き放題にやっているベラルーシに対してはさすがのロシアも頭が痛い!?

2巻P56より

←今のベラルーシとロシアの関係は、同盟国以上でかつてのソ連未満といったところ？

ヘタリア的小ネタ ベラルーシとナポレオン

ベラルーシの家があるのはポーランドとロシアの間。西ヨーロッパから見るとロシアへの通り道になります。19世紀の初めにナポレオンがロシアを攻めたときにも侵入されて家の中が荒廃……。多くのベラルーシの人々がアメリカなどへ移民していくことになりました。

 WW2でも戦場になっているぞ

我が輩にも言わせろ！ by スイス
ナポレオンは冬将軍にやられてロシアから撤退するとき、ベラルーシを流れるベレジナ川を渡ろうとしたのである。そこを背後からロシアに襲われて……。このとき、同行していた我が輩がフランスを守り抜いたのである。

関連する世界遺産 ブコビナ・ダルマチアの府主教の邸宅
Residence of Bukovinian and Dalmatian Metropolitans

ブコビナ・ダルマチアの府主教の邸宅　ウクライナ　MAP

ウクライナ西部の街、チェルニウツィーにある世界遺産。19世紀の後半（ちなみにこの時代にはオーストリアの家に属していました）に作られた正教会の聖堂や庭園などが保存されています。

 いろいろな様式が取り入れられた建物なの

ミニコラム　ロシアと親密になって経済を支えてもらいたいものの、頭ごなしに命令されるのはちょっとイヤなベラルーシ。一方ロシアもベラルーシに振り回されるのは困るわけで……。今後、この2人の関係はどうなるのやら？

Riga
ラトビアの世界遺産 ⑱リガ

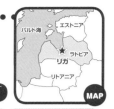
MAP

DATA
登録名：リガ歴史地区　登録年：1997　文化遺産

→ リガの猫の家 ←

リガ城やリガ大聖堂などが見どころです

毛糸の編み物でも有名なんだよ

バルト海の真珠と呼ばれる古都

　リガはバルト海に面するラトビアの首都。古くから交易が盛んで、13世紀には北ドイツの商人が結成したハンザ同盟に参加しました。世界遺産に登録されている旧市街には中世の建物がよく残っています。19世紀後半には街の近代化に伴ってアール・ヌーヴォー建築（※）がたくさん建てられ、こちらも観光の目玉になっています。
※……ドイツ語ではユーゲントシュティールと呼びます。

CHECK POINT!
- バルト三国で最大の街だよ！
- 2001年に建都800周年を迎えたよ！

時代解説　いろんな国が取り合ったリガ!?

リガの起源は1200年、ドイツから北方十字軍でやってきた司教が聖堂を築き、現地の人々を改宗したことから始まります。そんなわけでリガはドイツ以上に中世のドイツの雰囲気が残っていると言われます。とてもにぎわった街だったので多くの国がリガを取り合いましたが、18世紀以降はロシアの支配下に。しかしもともとのラトビアの人々はラトビア語を忘れず、20世紀に国として独立を果たしました。

リガを取り合った勢力

ドイツ騎士団 13世紀 → 解散 → ポーランド・リトアニア 16世紀
ロシア 18世紀 ← 侵攻 ← スウェーデン 17世紀 ← 侵攻
独立！→ ラトビア 1918 → 編入 → ソ連 20世紀
ラトビア 1991 ← 独立回復

6巻P113より

←2004年にEUに加盟したラトビアですが、家の場所的にロシアとの縁もなかなか切れなかったり!?

ヘタリア的小ネタ1　リガとアール・ヌーヴォー

19世紀末から20世紀にかけて起きたアール・ヌーヴォーは花や植物をモチーフにした曲線的でエレガントなデザインが特徴。この時代に建設ラッシュが起きたリガには約300棟ものアール・ヌーヴォー調のユニークな建物があります。

▲天辺の猫

 猫の像で有名な「猫の家」もアール・ヌーヴォーの建物です

俺にも言わせろ！ by ドイツ

リガには昔、ドイツ商人や貴族がたくさん住んでいたんだ。上の猫の像はドイツ人のギルド（組合）に入れなかったラトビア人の商人が怒ってギルドの建物にお尻を向けて取り付けたんだが、入会したら向きを直したらしい。

ヘタリア的小ネタ2　バルト三国というけれど……

家がバルト海に面するラトビア、エストニア、リトアニア。でもリトアニアが中世に仲良くしていたのはポーランドだし、エストニアの言葉はラトビア語やリトアニア語よりお向かいのフィンランドに近かったり。わりとバラバラな彼らですが、バルト"三国"と呼ばれるのは20世紀にそろってソ連に組み込まれ、そして独立した歴史が大きいようです。

1巻P59より

←バルト三国と呼ばれているけれど実は自己主張が激しい一面もある3人組？

 宗教も俺はカトリックで、ラトビアたちはプロテスタントなんですよね

ミニコラム　リガ周辺は18世紀にロシアに組み込まれてからも以前からいるドイツ人貴族が支配を続けました。ヨーロッパのことを知りたいロシアが彼らの協力を必要としたのです。しかしWW1〜WW2後、彼らはこの地を去りました。

Struve Geodetic Arc

バルト三国などの**世界遺産**

19 シュトルーヴェの測地弧

DATA 登録名：シュトゥルーヴェの三角点アーチ観測地点群　登録年：2005　文化遺産

※赤点が世界遺産に登録された地点になります　MAP

タルトゥの天文台

1816〜1855年にかけて設置されました

僕の家では教会が測量点になってるんですよ

地球を測った世界遺産!?

シュトルーヴェの測地弧は地球の大きさを三角測量するのにとても役立った基準点群。19世紀に設置された265カ所のうち北欧やバルト三国、ロシアなど10カ国にある34カ所が世界遺産に登録されています。記念碑があるところもあれば岩に印を付けただけのところもあり、エストニアのタルトゥの天文台は建物が測量点になっています。

CHECK POINT!

- 10カ国にまたがる世界遺産だよ！
- シュトルーヴェさんは19世紀の天文学者だよ！
- 19世紀には2カ国にまたがっているだけだったよ！

時代解説 各国（？）がにらみ合っていたバルト海！

古代ローマ帝国の書物に取り上げられるほど昔から人々の交流が盛んだったバルト海沿岸地方。バルト海は北欧やドイツ、ロシアさらにはイスラム世界までを結ぶ重要な海のルートでした。13世紀頃にはドイツからの騎士団が進出しますが、時代が下るとスウェーデンやロシアがバルト海をめぐって激しく対立！　大げんかの末、19世紀にロシアはフィンランドやバルト三国を自分の家に引き込みました。

バルト海周辺の国々

6巻P2より

↑バルト三国で一番北にあるのがエストニア。フィンランドと仲良しです。

僕の家のすぐお向かいがエストニアなんですよね

ヘタリア的小ネタ 天文学者シュトルーヴェ

天文学者フリードリッヒ・フォン・シュトルーヴェはドイツ系ロシア人の天文学者で、世界遺産になった測量点群の設置を主導した人物です。エストニア（当時はロシア帝国領）のタルトゥ大学で学び、多くの功績を残しました。

▲シュトルーヴェ

 星の観測でも成果をあげたよ！

昔のロシアではドイツ系の人がたくさん活躍してたんだって！

 タルトゥ大学でもドイツ語が使われていたそうだ

あの、このページは僕に解説させてくださいよ〜

関連する世界遺産 タリン Tallinn

✦ ヴィル門 ✦

エストニアの首都で、タリンとは「デンマーク人の城」という意味。13世紀にデンマーク王がこの地を征服したのが街の起源です。おとぎ話に出てきそうな旧市街が世界遺産に指定されています。

 ヴィル門の塔はタリンのシンボルです

 ミニコラム タリンを建設したのはデンマークの人々でしたが、のちに人手不足などが理由でドイツから来た騎士団に売却されました。タルトゥはエストニア第二の都市。17世紀にはスウェーデン領で、この頃に大学が作られました。

ヘタリアンヒストリー・ガイド！⑤
ロシア革命

この本はフランスさんの革命の頃から始まっていますが、
20世紀にはロシアさんの家でも大きな革命が起きていますね

1917年に起きた第2次ロシア革命だな。この革命でロシア帝国が崩壊し、
のちに世界初の社会主義国が誕生することになるんだ

同じ頃、ドイツんちでも革命が起きて皇帝が追放されたりしてたよね〜

僕の家ではちょうどWW1の頃だったし主導権争いもあって、
しばらくゴタゴタしたんだ。
姉さんやベラたちといっしょにソビエト連邦（ソ連）を作ったのは1922年だよ

俺とラトビア、エストニアもロシア革命の影響で
ロシアさんの家から独り立ちしたんです。この頃は民族自決がブームだったんですよね

俺やフランスにとってもバルト三国がいてくれるとありがたかったんだよな。
ロシアとヨーロッパの間のクッション的な意味で

ところでロシアんちの貴族はどうなったのかな？
フランス兄ちゃんのところだと、革命のときに逃げ出した貴族（※1）は
ナポレオンさんの失脚後に帰れたそうだけど……

革命に敗れた人たちは白系ロシア人（※2）と名乗って
アメリカ君や他のヨーロッパの家に散っていったんだ。
日本君の家に向かった人もいて、僕の家のバレエを教えたりしているよ

ロシアさんの家の革命もいろいろな影響を世界に与えたんですね

※1……いわゆる亡命貴族。フランス語ではエミグレ（émigré）。ナポレオンの没落後の王政復古で多くがフランスに帰国しましたが、フランス革命前のような勢力を取り戻すことは結局ありませんでした。

※2……社会主義政権のシンボルが赤い旗だったので、対抗して白を用いました。

* ロシア革命の結果、1922年にソ連が誕生したよ！
  ソ連が崩壊したのは1991年だよ！
* バルト三国は20世紀、
  ロシア革命で独立→ソ連に編入→ソ連から独立したよ！

第 5 章
その他の地域の世界遺産！

- ⑳ サグラダ・ファミリア・・・P64
- ㉑ ブリッゲン・・・・・・・P66
- ㉒ スオメンリンナの要塞・・・P68
- ㉓ 自由の女神・・・・・・・P70
- ㉔ シドニー・オペラハウス・・・P72
- ㉕ カナディアン・ロッキー・・・P74

The Sagrada Familia
スペインの世界遺産
20 サグラダ・ファミリア

DATA 登録名：アントニ・ガウディの作品群　登録年：1984、2005　文化遺産

MAP（フランス／スペイン／サグラダ・ファミリア）

→ サグラダ・ファミリア

俺んちの中でも特にユニークな世界遺産やな〜

不思議と……心を惹かれる建物ですよね

建築家ガウディのライフワーク

　1852年に生まれた天才建築家、ガウディはモデルニスモ（※1）期にスペインの古都、バルセロナで主に活躍した人物。ガウディが設計した7件の建物や公園が世界遺産に登録されています。その中でもとりわけ有名なのが現在も建設中の教会、サグラダ・ファミリア。さまざまな苦難を乗り越え、2026年に完成が予定されています。

※1……スペイン版アール・ヌーヴォー。英語で言うとモダニズム。スペインのバルセロナ周辺で19世紀末〜20世紀初頭に流行した芸術様式で、イスラム建築の様式も取り入れられています。

CHECK POINT!
- ガウディは1926年に亡くなったよ！
- サグラダ・ファミリアは2026年に完成予定だよ！

時代解説 苦労が続いたスペイン、そして……

17世紀以降、お金がなくなって苦労したスペイン。19世紀にはナポレオンに征服されたり、フランスとプロイセンのケンカの引き金（※2）になったりと騒動が続きます。1936年には家の中でドイツやソ連が激突したスペイン内戦が勃発。この戦いで建設中だったサグラダ・ファミリアの資料は失われてしまいました。その後、軍人の上司の独裁（※3）が続いて家の中が暗かったスペインですが、1975年に民主化しました。

※2……1870～1871年の普仏戦争。プロイセンの上司の親戚がスペインの新しい上司に推薦され、スペインがプロイセンに取りこまれては困るフランスが反発したのが戦争のきっかけになりました。

※3……スペイン内戦で勝利したフランコ将軍による独裁政権。

年表 ～18世紀以降のスペイン～

1713年	上司がハプスブルク家からブルボン家になる（フランスと親戚に）
1808年	ナポレオンのフランスに征服される
1868年	女王がフランスに亡命して家の中が混乱。プロイセンらが介入
1914～1918年	WW1
1936～1939年	スペイン内戦
1939～1945年	WW2
1975年	独裁政権が終わる

16世紀にはお金がうなるほどあったのですが……。

あん時は宵越しのなんちゃらは持たん主義やで！

まあ人生貯金は大事やんに！！

4巻P45より

→重～い一面もあるスペイン。近代の複雑な歴史のせい？

ホラーやったら俺の家…

やめろ！みんなにトラウマ植え付ける気か！？

5巻P7より

ヘタリア的小ネタ ガウディとサグラダ・ファミリア

サグラダ・ファミリアは聖家族という意味。イエスと聖母マリア、マリアの夫にしてイエスの養父であるヨセフを讃えた聖堂です。建設が始まったのは1882年。ガウディはその翌年、31歳のときに主任建築家を引き継ぎ、1926年に亡くなるまでサグラダ・ファミリアの建設に心血を注ぐことになります。

←建物を彫刻のように作るのがガウディの特徴です。

晩年のガウディはサグラダ・ファミリアに集中してたんや

アントニ・ガウディ

関連する建物 カサ・バトリョ Casa Batollo

1904～1906年にかけてガウディが改築した大邸宅。砕いたタイルや色ガラスがカラフルに散りばめられた波打つような壁が特徴です。ガウディはこの建物用の家具もデザインしています。

内側も曲線だらけで海の中みたいやで！

ミニコラム ガウディ関連の世界遺産では他にも、うねうねした壁面が面白いカサ・ミラ、メルヘンの世界を思わせるグエル公園などが有名。バルセロナを訪れることがあればぜひ立ち寄りたいスポットです。

Bryggen

ノルウェーの世界遺産　21 ブリッゲン

DATA
登録名：ブリッゲン　登録年：1979　文化遺産

MAP

→ ブリッゲンの倉庫群 ←

ブリッゲンは
埠頭という意
味なんだべ

昔はドイツ人が
住んでいるエリ
アだったんだ

カラフルな倉庫が並ぶ港町

　ブリッゲンはノルウェー南部の港湾都市、ベルゲンにある世界遺産。ベルゲンは冬でも凍らない港を持つため昔から交易が盛んな街で、ブリッゲンは14世紀にドイツから来た商人がハンザ同盟の事務所を作ったエリアです。港に沿って並ぶ赤や白、オレンジ色のカラフルな木造倉庫群は、まるで絵本に出てきそうな可愛さです。

CHECK POINT!

- 中世に干しダラで栄えた街だよ！
- 1754年にノルウェーに引き渡されたよ！

時代解説 北欧でのノルウェーの変遷に迫る！

中世にはバイキングが大活躍し、元気いっぱいだったノルウェー。でも上司らの内輪もめも激しく、13世紀頃からドイツから来たハンザ商人たちに商売の特権を持っていかれたり黒死病に襲われたりして衰退。14世紀後半〜19世紀にはデンマークの上司を戴くことに……。しかしナポレオン戦争の影響でデンマークと別れて、スウェーデンと同居するように。そして1905年、スウェーデンから独立を果たしました。

〜ノルウェーの歩み〜

中世…デンマークと同居
デンマーク　ノルウェー

ナポレオン戦争後
…
スウェーデンと同居
スウェーデン　デンマーク

1905年…独り立ち！
ノルウェー

4巻P36より

↑オランダと同じようにノルウェーも干しダラなどを売って稼いでいました。

20世紀にノルウェーが独立したときには俺の家から王様を迎えたんだべ

ちなみに、僕は1944年にアイスランド共和国としてデンマークから独立。北欧では一番遅かったんだよね

ヘタリア的小ネタ ハンザ同盟って？

ハンザ同盟の「ハンザ」とは「商人の仲間」という意味で、中世のドイツ商人の活動を支えた組織です。盟主はバルト海に面する街、リューベック。ドイツの都市以外にノルウェーのベルゲンやロシアのノヴゴロド、ラトビアのリガ（→P58）などもハンザ同盟に参加しました。

 海賊や山賊から身を守るために協力していたんだ

6巻P66より
↑国としてのまとまりが弱かったぶんドイツでは都市同盟が発達しました。

スウェーデンの世界遺産 ヴィスビー Visby

バルト海に浮かぶゴットランド島の世界遺産。中世にはハンザ同盟に属した街で、旧市街には当時の面影が残っています。

 ……日本のアニメ映画に登場した街のモデルになったど

 ミニコラム
ハンザ同盟が扱った大切な商品のひとつが干しダラ。昔のキリスト教には魚を食べる日があったのです。しかしイギリスやオランダの台頭や戦争の影響で、17世紀にハンザ同盟は解散しました。

Fortress of Suomenlinna

フィンランドの世界遺産 22 **スオメンリンナの要塞**

DATA
登録名：スオメンリンナの要塞群　登録年：1991　文化遺産

MAP

→スオメンリンナ島←

ピクニックに
オススメの場
所ですよ

ここから見るバ
ルト海が綺麗
なんだぁ……

かつての大要塞は憩いの場所へ

　フィンランドの首都、ヘルシンキの沖にある世界遺産。1748年、橋で結ばれた6つの島に、当時のフィンランドの上司だったスウェーデン王が対ロシア用に作った星形要塞です。しかし19世紀初頭にロシアに奪われ、フィンランドはロシアの家に組み込まれることに……。現在は緑豊かな行楽地としてヘルシンキっ子に愛されています。

CHECK POINT!
- フィンランドがスウェーデンの家にいた頃に作られたよ！
- 島には今でも軍の基地があるよ！

時代解説 フィンランドをめぐる三角関係!?

12世紀頃からスウェーデンの影響を強く受けていたフィンランド。しかし18世紀頃になるとスウェーデンの力が衰えます。反対にめきめき力を付けたロシアのちょっかいから身を守るため、スオメンリンナの要塞は作られたのでした。そして19世紀初頭、ヨーロッパがナポレオンの登場で大騒ぎになったとき、どさくさに紛れてフィンランドはロシアに連れて行かれることに!?

スウェーデン にらみ合い! ロシア
古い付き合い　もっと大きくなりたい!
フィンランド

3巻P52より
フィンランドは1809年にロシア領に。その後、独立するのは1917年。

3巻P89より
成長したロシアは家を広げようと、16世紀頃からバルト海方面へ進出を繰り返します。

ヘタリア的小ネタ1　裏で糸を引いたのは?

フランス革命の頃、スウェーデンの上司はフランス王家と仲が良かったので革命から登場したナポレオンが大嫌い! イギリスに味方してナポレオンと戦いました。一方、ナポレオンはイギリスをハブるのを手伝うならフィンランドをスウェーデンから奪っていいよとロシアと約束して味方にします。結果、スウェーデンは叩きのめされ約500年同居していたフィンランドをロシアに連れ去られたのでした。

3巻P112より
←ナポレオンに振り回されたフィンランドとスウェーデン。

ヘタリア的小ネタ2　スウェーデンのその後

ナポレオンにさんざんな目に合わされたスウェーデンはその後、上司に跡継ぎがおらず問題に。議会は新しい王にナポレオンが推薦したベルナドッテ将軍を選び、1818年、彼はスウェーデン王カール14世になりました。

▲カール14世ヨハン

6巻P24より
←カール14世はナポレオンと距離を置き、スウェーデンのピンチを乗り切っていきます。

今の俺の家の王室はカール14世の血筋だべ

ミニコラム　「スオメンリンナ」はフィンランド語で「フィンランドの要塞」という意味。フィンランド語では、フィンランドのことをスオミと呼びます。ちなみに最初の名前は「スヴェアボリ (スウェーデンの要塞)」でした。

Statue of Liberty

アメリカの世界遺産

23 自由の女神

DATA 登録名：自由の女神像　登録年：1984　文化遺産

MAP

➤ ニューヨークの自由の女神 ➤

王冠のトゲは7つの大陸と海を表しているんだぞ！

お兄さんの家で作られたからセンスいいだろ？

自由と民主主義への願い

　ニューヨーク港内のリバティ島にある巨大な銅像。アメリカの自由と民主主義を象徴する世界遺産です。アメリカのイギリスからの独立100周年を祝って、フランスが贈ったものです。フランスもアメリカも当時はゴタゴタ続きで像の建設費用をひねり出すのに苦労しましたが、多くの人々の協力で1886年にめでたく完成しました。

CHECK POINT！

- 像が贈られた頃、アメリカは南北戦争後の混乱で大変だったよ！
- 設計にはエッフェル塔を作ったエッフェルさんも参加していたよ！

時代解説 アメリカ、苦労の多かった19世紀!?

アメリカの独立後、ヨーロッパではフランス革命が始まり大騒ぎに。アメリカは手出しを控えて家の整理に力を入れますが、1812年にイギリスと再びケンカしたり、1861年には家をまっぷたつに割った南北戦争が起きたりと平和な時代ではありませんでした。同じ頃にはイタリアが独り立ちしたり、フランスがプロイセンにやり込められたり、日本が引きこもりをやめたり……。そんな激動の時代の中、自由の女神はフランスからアメリカへ贈られたのです。

年表 19世紀の騒動一覧

1804年	ナポレオン、皇帝になる
1812～1814年	アメリカ、イギリスと戦争
1814年	ウィーン会議でナポレオン戦争の後始末
1846～1848年	アメリカ、メキシコと戦争
1853年	日本に黒船来航
1861～1865年	アメリカで南北戦争
1861年	イタリアが独り立ち
1894年	アメリカ、工業生産世界一に

> 自由の女神の費用は俺の家やフランスの家での寄付でまかなったぞ！

4巻 P102より

↑アメリカ独立に協力したフランスの粋な贈り物でした。

↓19世紀にはリトアニアからアメリカへの移民も増加。

1巻 P79より

> ロシアさんの家での生活が厳しくて多くの人がアメリカへ渡ったんですよね

ヘタリア的小ネタ1 自由の女神のトリビア集

自由の女神の顔はデザインを担当した彫刻家バルトルディの母親と、ドラクロワの絵画「民衆を導く自由の女神」がモデルだと言われています。でも顔はともかく正確な性別は不明だとか。300枚以上の銅板を支えて巨大な像に仕上げたのは建築家のエッフェル。自由の女神は当時の建築技術の最高傑作でもあります。

- 33.86m
- 性別は不明
- WW1で一部壊れたことが……
- 顔は彫刻家の母親と絵画の女神がモデル？
- 鎖を踏んでいる
- 台座は11角形

ヘタリア的小ネタ2 パリにもある自由の女神

自由の女神にはいくつかレプリカがあります。特に有名なのが、パリのセーヌ川にかかるグルネル橋から見える自由の女神。高さは11mほどで、パリ在住のアメリカ人がニューヨークの自由の女神のお礼にフランス革命100周年を記念して贈ったものです。他にもオルセー美術館などにレプリカが展示されています。

> 東京のお台場にもありますね

俺にも言わせろ！ by イギリス

お、俺だってアメリカに誕生日プレゼントを贈ったことがあるぞ。1976年、建国200周年祝いに俺の家で作った新しい自由の鐘を贈って……ぐふうっ！

4巻 P105より

ミニコラム

自由の女神をアメリカに贈ることを思い立った当時のフランスの上司は皇帝ナポレオン3世（ナポレオンの甥）。自由の女神の制作はナポレオン3世の専制政治への抗議のメッセージでもあったとか。

Sydney Opera House

オーストラリアの世界遺産

24 シドニー・オペラハウス

DATA 登録名：シドニー・オペラハウス　登録年：2007　文化遺産

オーストラリア／シドニー・オペラハウス **MAP**

↣ シドニー・オペラハウス ↢

周りには青い海が広がっていて絶景だぜ！

こけら落としには俺の家の女王も立ち会ったんだ

オーストラリアを代表するランドマーク！

　オーストラリアで最大の都市・シドニーにある、20世紀を代表する近代建築のひとつ。街の中心から少し離れたシドニー湾に突き出た岬に建っています。外観はヨットの帆のような、貝殻が重なっているような斬新なデザイン。1959年の着工以来、このかたちを実現するのに試行錯誤しましたが、関係者の努力で見事な建物が完成しました！

CHECK POINT!

- 1959～1973年にかけて工事が行われたよ！
- ドーム部分には柱が一本も使われていないよ！
- もちろん予算もめちゃくちゃかかったよ！

時代解説 オーストラリアの歩み

アボリジニと呼ばれる先住民が暮らしていたオーストラリア大陸がヨーロッパ人に発見されたのは17世紀。その後、18世紀後半にイギリスがオーストラリアの開拓を始めます。最初は囚人を送る場所にされたのですが、のちに一般の人々もやってくるようになりました。1851年には黄金が見つかり世界中の人々が集まる騒ぎも……。1901年にオーストラリアは国となり（※）、WW1やWW2では連合国側で戦いました。

イギリスと歩んだオーストラリア 年表

1770年	イギリスがオーストラリアを自分のものと宣言
1778年	開拓が始まる
1851年	ゴールド・ラッシュ
1901年	イギリスのもとで国になる
1914年	WW1にイギリスと参戦
1941年	WW2にイギリスと参戦

5巻P96より

※……このときはまだオーストラリアの外交の権利はイギリスが持っていました。イギリスから完全に独り立ちするのは1942年。

←アメリカやカナダ同様、たくましく育ったオーストラリア。

俺がイギリスから独立した後、オーストラリアの開拓が本格的になったんだ

外交でもイギリスから独り立ちするのは、僕より少し遅かったんだよね

ヘタリア的小ネタ1 とても大変だったオペラハウス建設

シドニー・オペラハウスの独特なデザインを考えたのはデンマーク出身の建築家ヨーン・ウッツォン。しかしユニークなぶん実現するのが大変で、さらに国の上司が変わると予算のオーバーについて責められ、ウッツォンはオーストラリアを去ることに……。それでも建設は続けられ、予定から10年遅れで完成しました。

ウッツォンさんは21世紀になってオーストラリアと仲直りしたっぺ！

1956年のコンペでこの建物の案が出されたんだが、選んだ人もすごいよな……

関連する世界遺産 エアーズロック（ウルル） Ayers Rock (Uluru)

砂漠に悠然とたたずむ高さ約350m、長さ約3400mの巨岩。アボリジニの人々にはウルルと呼ばれています。特に見応えがあるのは朝焼けや夕焼けの時間。岩肌が真っ赤に染まりとても神秘的です。

地球のヘソとも呼ばれてるな！

ミニコラム シドニー・オペラハウスの貝殻のような屋根は柱を一切使わず、球体のパーツを組み合わせて作られています。外はもちろん、中から見ても面白い建物です。ちなみに中にはコンサートホールやレストランがあります。

Canadian Rockies
カナダの世界遺産
㉕カナディアン・ロッキー

DATA 登録名：カナディアン・ロッキー山脈自然公園群　登録年：1984、1990　自然遺産

→ カナディアン・ロッキーのルイーズ湖と氷河 ←

4つの国立公園と3つの州立公園があるよ

これぞカナダ〜って感じの世界遺産だ

森と湖の調和が美しいカナダの至宝

　カナディアン・ロッキーは北アメリカ大陸の西部を南北に縦断しているロッキー山脈のうち、カナダの家の中にある部分（※1）。3000m級の雄大な山々や荘厳な氷河など、大自然を堪能できることで知られています。中でもルイーズ湖はロッキーの宝石と呼ばれる美しさ。エメラルドグリーンの湖面と雄大な山々のコントラストは絶景です。

※1……細かい山脈が連なっているロッキー山脈は全体で約4500km。うち、カナダにある部分は約2000km。

CHECK POINT!
- 手つかずの大自然が残っているよ！
- ルイーズ湖は必見の美しさだよ！

時代解説 粘り強く頑張るカナダさん!

17世紀にルイ14世がぶいぶい言わせていた頃はフランスのお世話になり、18世紀にはフランスを破ったイギリスの弟になったカナダ。18世紀後半にはアメリカの独立に付き合わず、イギリスの弟でいることを選びます。そんなわけで1812年のイギリスとアメリカのケンカに巻き込まれたりもしましたが、1867年にはイギリスに自治を認められます。WW1でイギリスを応援して奮闘したカナダ（※2）は1931年、独立してイギリスと対等な関係になりました。

※2……WW1では、カナダはアメリカより早く参戦。その功績により、イギリスはカナダの独立を認めました。

年表 17～20世紀のカナダの歩み

17世紀	フランス、カナダを本格的に別荘にする
1763年	イギリス、フランスを倒してカナダを弟にする
1776年	アメリカ独立宣言
1812年	アメリカにちょっかいを出される
1867年	イギリスに自治を認められる
1914～1918年	WW1
1931年	独立を果たす

6巻P54より
穏やかさの象徴？

←家に自然が多く、のんびりした印象のあるカナダですが、実は頑固で勇敢な一面も！

2巻P107より

←いろいろな国の人々が集まっていますが、めげずに頑張っているカナダなのです。

ヘタリア的小ネタ1 「ルイーズ湖」の由来

カナディアン・ロッキー観光のハイライトと言えばルイーズ湖。名前の由来は1878年にカナダ総督になったイギリス人貴族、ジョン・キャンベル卿（第8代アーガイル公爵）の妻ルイーズからです。彼女はイギリスのヴィクトリア女王の四女。美しい湖に名前が付けられたあたり、ルイーズがカナダでとても慕われていたのがうかがえます。

アーガイル公爵夫人ルイーズ

王室でも美人で有名な夫人だったんだ

絵を描くのも上手だったんだって！

ヘタリア的小ネタ2 キューバの歴史

15世紀以来、スペインの別荘だったキューバ。1902年にやっと独立しますが、実際にはアメリカの属国に……。その後、1959年にキューバ革命が勃発。家にあったアメリカの資産を差し押さえたのでアメリカとの仲が悪くなりました。

ちなみに俺の家ではスペインの世話になってた頃の建物やコーヒー畑が世界遺産になってるんだぜ！

2巻P111より

←アメリカと仲がこじれたキューバですが、カナダとは良好な関係。

ミニコラム 1832年開通の北米最古の運河、リドー運河もカナダの世界遺産。1812年の米英戦争をきっかけにアメリカとの戦いに備えて作られましたが、完成したときにはアメリカと仲直りしていたので商業用に使われることに。

ヘタリアンヒストリー・ガイド！⑥ 食の文化遺産って？

 ユネスコって世界遺産だけじゃなくて文化遺産ってやつでもときどき話題になるけど、あれって何なんだい？

 「ユネスコ無形文化遺産」だな。世界遺産が建築や自然が選ばれるのに対し、伝統工芸や芸能、音楽などかたちのないものが指定されるんだ。お兄さんちの「フランス料理」も文化遺産だぞ♪

 ということは食いしん坊なイタリア君の家の料理も……

 もちろん！ スペイン兄ちゃんたちと一緒に「地中海料理」として登録されてるよ〜

 俺とイタリア、ギリシャ、モロッコの四カ国で共同申請したんや〜

 ……ヘルシーなオリーブオイルが……味の秘訣……

 俺の家のケシケキ（※）とトルココーヒーも登録されてるぜ！ 眠気覚ましの薬だったコーヒーが嗜好品として人気になったのは俺の家が最初なんだぜ

 日本の和食やメキシコの伝統料理も無形文化遺産に登録されているな。味よりも、料理の背景にある伝統やそれらを支える技術が重視されているんだ

 なるほど。じゃあいつか俺の家のハンバーガーも登録されるかもしれないな！

 バーカ、その前に俺の家のマーマイトが選ばれるに決まってるだろ！

   （それだけはやめてください……）

※……麦や肉を煮たトルコのおかゆ。結婚式や祝日などイベントで食べられる宗教的な料理で、伝統的な歌や踊りとともに行われる調理の過程自体が文化遺産として認められています。

まとめ
* 無形文化遺産に選ばれるのはその土地の歴史に深く関わっている文化、食事やお祭りなどだよ！
* 食以外の例だと、日本の歌舞伎や中国の書道、スペインのフラメンコなどが登録されているよ！

第 6 章
アジアの世界遺産！

- ㉖ 武夷山 ・・・・・・・・・P78
- ㉗ ダージリン・ヒマラヤ鉄道・・・P80
- ㉘ 富士山・・・・・・・P82
- ㉙ 国立西洋美術館・・・P84

Mount Wuyi

中国の世界遺産

26 武夷山（ぶいさん）

DATA
登録名：武夷山　登録年：1999　複合遺産

MAP

▶ 武夷山の九曲渓（きゅうきょくけい） ◀

水墨画そのままの景色にうっとり！

中国の家の南東部、福建省（ふっけんしょう）にある世界遺産。特に風光明媚（ふうこうめいび）で知られるのが九曲渓（きゅうきょくけい）で、赤く切り立った岩山を豊かな緑が包み、その間を澄んだ渓流が流れていきます。このあたりは千年前から変わらない川遊びの人気スポットなのだとか。茶の木の自生地としても有名で、ここで採れる茶葉から作る武夷岩茶（ぶいがんちゃ）は烏龍茶を代表するひとつとして味が良いと昔から評判です。

竹のイカダで川下りするのが人気ある！

武夷山の烏龍茶……飲んでみたいです！

CHECK POINT!
- 古来からの景勝地として有名だよ！
- 紅茶の故郷でもあるよ！

時代解説 いろいろありました！ 中国の近代

中国自身はあまり家の外に関心がなかったのですが、17世紀頃になるとヨーロッパの国々で中国風が大人気に。いわゆるシノワズリで、マイセンの磁器などに中国の幻想的な風景が描かれたりしました。しかし19世紀、イギリスにアヘン戦争で敗れたのがきっかけで中国の家に各国が集合！ イギリスに続けと中国の大きな市場を狙ったのでした……。急な変化に苦労した中国ですが何とかWW1、WW2を乗り切り、現在もタフに商売を続けています。

～いろんな国に押しかけられた中国～

→昔の中国はわざわざ海外に出かけたりヨーロッパを相手にしなくても全然平気でした。

（3巻P75より）

→19世紀に香港はイギリスのものに。返還は20世紀になります。

（5巻P74より）

ヘタリア的小ネタ1　武夷山の正山小種（ラプサンスーチョン）

自然の豊かな武夷山は素晴らしいお茶の産地。ここで作られる紅茶の一種の正山小種は、世界で初めて作られた紅茶と言われています。松の葉でいぶすのでスモーキーな香りがするのが特徴。イギリスではとても人気があります。

←独特の香りがする正山小種。紳士がたしなむ大人の味。

（5巻P44より）

俺が中国から買った正山小種を日本に売ったりもしてるぞ

ヘタリア的小ネタ2　香港たちの世界遺産は？

ご近所のマカオと違って香港には世界遺産はありません。変化が激しい国際的な金融都市なのである意味当然？　しかし超高層ビル群の夜景は見応え十分！また台湾には、登録はされていないものの世界遺産の候補地が複数あります。

俺は過去にとらわれない！的な？

私の家はユネスコに加盟してないので世界遺産はないけど候補は決めてるヨ！

私の家にはマカオ歴史地区という世界遺産があります。

ミニコラム　台湾では凍頂烏龍茶や東方美人などの烏龍茶が人気ですが紅茶も作っています。台湾が紅茶を作り始めたのは日本に統治されていた1930年代。農業技師の新井耕吉郎さんの指導のもとで研究が始まりました。

Darjeeling Himalayan Railway
インドの世界遺産
㉗ ダージリン・ヒマラヤ鉄道

DATA
登録名：インドの山岳鉄道群　登録年：1999、2005、2008　文化遺産

→ 山中を走るトイ・トレイン ←

ダージリンは標高が高くて涼しいんです

トイ・トレインは故障が多いが可愛いぞ

紅茶を運ぶために大活躍！

　インドの東部に位置する山岳地方で、紅茶の産地としても有名なダージリン地方を走る鉄道の世界遺産。インドがイギリスの植民地だった1881年に開通し、紅茶の輸送や避暑客を運ぶのに活躍しました。線路が細く山の中をうねうねと進むので、小回りの利く可愛いサイズの機関車（通称トイ・トレイン）が使用されています。

CHECK POINT!
- 1881年に開通したよ！
- とっても可愛い機関車が走ってるよ！

時代解説 インド、20世紀にイギリスから独立

19世紀の前半、ダージリン地方ではイギリスのプラントハンターが中国から持ち出したチャノキ（茶の木）の栽培が始まりました。インドはその後、紅茶の一大産地に成長していきます。一方、ムガル帝国（※1）が滅んで1877年にインドはイギリスの別荘に……。20世紀にはWW1やWW2でイギリスに振り回されたインドでしたが1947年に独立（※2）を果たしました。

※1……16〜19世紀にかけてインドを支配したイスラム王朝。世界遺産のタージ・マハルを作ったのはムガル帝国の第5代皇帝シャー・ジャハーン。
※2……インドの独立運動では非暴力・非服従主義を訴えたマハトマ・ガンジーが有名です。

年表 インドの歩み

1757年	イギリスがフランスをインドから追い出す（プラッシーの戦い）
1858年	ムガル帝国滅亡
1877年	ヴィクトリア女王がインド皇帝を兼任
1914〜1918年	WW1でイギリスに協力
1939〜1945年	WW2
1947年	パキスタンと分離独立

5巻P8より

陽気なインドですが、家が広く地域による宗教の違いもあり、独立するまで苦労しました。

インドはダージリン以外に、アッサムやニルギリでも紅茶をたくさん作っているぞ

ちなみに我の家では烏龍茶や紅茶も作ってるけど、緑茶が一番人気あるよ

ヘタリア的小ネタ1 インド紅茶いろいろ

ダージリンティーは中国のチャノキをインドで栽培したのが始まりです。一方、アッサムティーはインドの北東部で自生していたチャノキの仲間から作られました。山が多い南インドのニルギリ地方も良質な紅茶の産地で、ニルギリ山岳鉄道は世界遺産に登録されています。セイロンティーはインドに近いスリランカ（セイロン島）の紅茶です。

ダージリンはストレート、アッサムはミルクを入れて飲むのがおすすめだ

お兄さんの家では華やかな香りを付けたフレーバーティーが人気だな〜

ヘタリア的小ネタ2 カレー料理とイギリス

味覚で残念な扱いをされることの多いイギリスですが、インドと縁が深かったのでカレーに関してはなかなかのもの。昔はローストビーフの残りをカレーで煮て食べていたとか。焼いた鶏肉をカレーで煮込んだチキンティッカマサラは20世紀にイギリスで生まれたカレー料理で、今ではイギリスの好物になっています。

3巻P35より

昔のイギリスは大きなローストビーフを何日もかけて食べるのが好きでした。

カレーはイギリスさんに教わりましたね

ミニコラム 紅茶といえばロシアも有名！ ロシアは17世紀末に中国からお茶を輸入するようになりました。しかし陸路で運ぶのが大変だったため、庶民が楽しめるようになったのは19世紀にシベリア鉄道が開通してからだったとか。

Mount Fuji

日本の世界遺産

28 富士山

DATA
登録名：富士山ー信仰の対象と芸術の源泉　登録年：2013　文化遺産

MAP

➤ 三保の松原から見た富士山 ➤

火山なので昔は
ときどき噴火し
ていました

日本に行ったら
ぜひ見たい場所
だよね〜！

日本が誇る美しい霊峰

　日本の静岡県と山梨県にまたがっている名山。日本では古来から和歌に詠まれたり、絵画のテーマになってきました。他の山と連なっていない、いわゆる独立峰でどの方向からでも美しい円錐型の姿が見えるのが特徴。特に山梨県の富士五湖や静岡県の三保の松原からの眺めは格別で、これらも世界遺産の一部として登録されています。

CHECK POINT!
- 昔から絵や詩のテーマになっているよ！
- 同時にイタリアのエトナ山も世界遺産になったよ！

時代解説 日本、引きこもりから卒業する!?

17世紀から引きこもっていた日本にとって西欧の情報は、数少ない友人のオランダが頼りでした。が、そのオランダも18世紀末にフランス革命に巻き込まれて家をフランスに征服される羽目に……。一時はオランダ国旗が掲げられているのは長崎の出島だけになったことも。その後、日本はナポレオンが失脚して復活したオランダからアヘン戦争やアメリカの情報を教えられ、諸外国と付き合いを始めることになります。

江戸時代の日本の友達

オランダ　中国(清)

（ただし家の中は見せない間柄）

明治維新後の友達

    etc...
ドイツ　イギリス　アメリカ　フランス

クールに振る舞っていますが、焦りすぎたわベルギーのことなどで大変な時期だったり。

4巻 P88より

← 富士山に最初に登った外国人はイギリス人。イギリスは山が少ないので珍しかった？

2巻 P114より

ヘタリア的小ネタ1　科学と青と芸術と

富士山といえば葛飾北斎の「富嶽三十六景」(※)が有名。一連の絵の鮮烈な青はオランダ伝来のベロ藍（プルシアンブルー）です。1704年にプロイセンで化学的に作られた色で、19世紀に安く生産できるようになりました。この青を使った浮世絵が西洋に伝わり、ジャポニスム（→P35）を起こすのです。

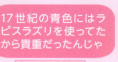
17世紀の青色にはラピスラズリを使ってたから貴重だったんじゃ

ベロ藍を多用！
葛飾北斎「富嶽三十六景」

フェルメール「真珠の耳飾りの少女」

こちらの青はラピスラズリ

※……富嶽は富士山のこと。「富嶽三十六景」は葛飾北斎の晩年の傑作で、名所絵として1831〜1835年頃にかけて刊行されました。

関連する世界遺産　エトナ山 Mount Etna

MAP

イタリアのシチリア島にあるヨーロッパ最大の活火山で、高さは3323m。ギリシャ神話にも登場します。富士山と同じ2013年に世界遺産に登録されました。

俺の家の文豪ゲーテも訪れたんだ

ゲーテさんってアクティブだよね〜

ミニコラム　富士山の登録は当初、エトナ山と同じ自然遺産を目指していました。ですが、ゴミによる環境保全などの問題で失敗。そこで清掃に力を入れ、芸術や信仰の対象となってきた歴史から文化遺産として認められました。

The National Museum of Western Art
㉙ 国立西洋美術館

日本の世界遺産

DATA
登録名：ル・コルビュジエの建築作品―近代建築運動への顕著な貢献―　登録年：2016　文化遺産

MAP

➤ 国立西洋美術館本館 ◀

モダンな近代建築の美しさ！

「近代建築の巨匠」ル・コルビュジエはスイスで生まれてフランスで活動した建築家。彼が手がけた7カ国にある17作品が2016年、世界遺産に登録されました。国立西洋美術館もそのひとつで、東アジアで唯一のル・コルビュジエの作品です。彼が提唱した5つの原則をよく現した建物として、日本の近代建築に大きな影響を与えました。

入り口は何だかSFっぽい見た目ですよね

お兄さんやスイスの家にもコルビュジエの作品があるんだ

CHECK POINT!
- 7カ国にまたがる世界遺産だよ！
- 近代建築の5原則を体現した建物と評価されているよ！

時代解説　WW2後の日本とフランスの仲直りの証！

国立西洋美術館の基となる美術品を集めたのはWW1の頃に活躍した日本の実業家、松方幸次郎。彼のコレクションのうち、フランスで保管されていた美術品（※）はWW2後にフランスに没収されてしまいました。しかし1953年、フランスの美術を見るための施設を新しく建てるのを条件に返還が決定。こうして国立西洋美術館の建設が決まり、1959年に開館しました。

※……いわゆる松方コレクション。日本にあった美術品は1927年の世界的不況で借金のカタとして多くが散逸。イギリスのロンドンに保管されていたコレクションは1939年に火事で灰になりました。

→WW2ではフランスもドイツに家を押さえられて大変でした……。

フランス、WW2の荒波に耐える!?
5巻P48より

枢軸国VS連合国の運命は!?
1巻P51より　5巻P38より

→美術品関連ではさまざまなドラマが枢軸国と連合国で繰り広げられました。

ヘタリア的小ネタ1　近代建築の五原則

ル・コルビュジエは「ピロティ（柱の意。1階を壁で囲わず柱だけで支えた空間）」や「連続した水平窓」、「屋上庭園」など、近代建築の五原則を提唱し、現代の建築に大きな影響を与えました。これらは19世紀末から広まった鉄筋コンクリートを使うことで可能になりました。

 昔より自由な建物を造れるようになったんです

俺にも言わせろ！ by ドイツ
19世紀以前の建物は壁で建物を支えていたぞ。そのため窓の大きさや中の壁の位置、屋根のデザインに制限があったんだが、それを取り払ったのがル・コルビュジエなんだ。

ル・コルビュジエ

関連する世界遺産　ロンシャン礼拝堂
Chapelle Notre-Dame du Haut

フランス　★ロンシャン礼拝堂　MAP

ル・コルビュジエが設計したカトリックの礼拝堂。日本の国立西洋美術館と同じく世界遺産の構成資産のひとつです。うねった屋根と、白く分厚い壁にランダムに開いた窓が不思議な感じ……？

 教会の中も幻想的なんだ♪

 ミニコラム　ル・コルビュジエはスペインを訪ねたことがあり、その際にガウディ（→P65）の作ったサグラダ・ファミリア付属小学校の正確なスケッチを残しています。作風は違えど天才同士、感じるところがあったのかも？

ヘタリアンヒストリー・ガイド！⑦
世界遺産じゃないけど有名な建物

 いろいろな世界遺産を見て来たけど、これで一段落したね〜。
……あれ日本、浮かない顔してない？

 いえ、その……実はドイツさんの家で評判のお城も見られると期待していたのですが、登場しなかったので……

 俺の家で評判の城……。もしかしてノイシュヴァンシュタイン城か？

 ああ、ドイツんちの南にあるすっごく有名な観光スポットだよね！おとぎ話に出てきそうな感じの。そういえばあのお城は世界遺産じゃないの？

 世界遺産というのは、ある文明を代表するものだったり歴史に重要な影響を与えたとされるものが認定されるわけだが……

 もしかして歴史にあんまり関係してないとか？

 19世紀のバイエルン王ルートヴィヒ2世（※）が、個人の趣味で中世っぽくロマンチックに作ったコンクリートの城なんだ。俺の家の19世紀を代表する建築物かというとはなはだ微妙でな……。面白い建物なのは確かなんだが

※……音楽と建築が好きで、激しい浪費から狂王と呼ばれた人物。オーストリアの皇帝フランツ・ヨーゼフ1世と結婚したエリーザベトは親戚。

 はい、それはそれですごく見てみたいです！

 他にも現役で使われている宮殿は世界遺産に登録されていないことが多い。イギリスの家だとウィンザー城やバッキンガム宮殿がそうだな。世界遺産になると管理や保護が大変で融通が利かなくなるんだ

 そういえば私の家の伊勢神宮も20年に一度建て替える習わしなので、保護するのが大切な世界遺産に登録するのは難しいという話が……

 うむ。だが、世界遺産になってない＝歴史がないというわけじゃない。この本で取り上げてきた以上に、まだまだ俺たちの家には面白い建物や遺跡がたくさんあるってことだな

  なるほど〜

まとめ
* 有名なら何でも世界遺産に推薦されるわけではないよ！
* イギリスやオランダ、北欧などの王室が今も使っている宮殿は世界遺産になっていないところが多いよ！
* 世界遺産になっていないステキな場所もたくさんあるよ！

ノイシュヴァンシュタイン城

狂王ルートヴィヒ2世が中世の騎士道に憧れて建てた白亜のお城。1886年に王が謎の死を遂げると工事が止まったため、未完成の場所もたくさん残っています。

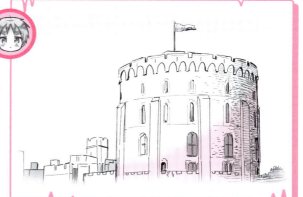

ウィンザー城

ロンドンから鉄道で一時間ほど離れた街、ウィンザーにあるとても広いお城。イギリスの女王、エリザベス2世が週末に過ごす場所として有名です。観光地としても大人気。

伊勢神宮(いせじんぐう)

三重県伊勢市にある二千年の歴史がある神社。西暦690年以来、20年に一度、社殿を新しく造り替えて瑞々(みずみず)しい姿を保つ式年遷宮(しきねんせんぐう)が行われてきました。愛称は「お伊勢さん」。

ヘタリア的 世界遺産年表 〜フランス革命から21世紀まで〜

 この本では俺、何だか影が薄かったな〜。ねえ日本？

このシリーズの1巻と2巻でさんざん目立っていたくせに贅沢な奴あるな……

 まったくだぞ！ 俺は18世紀以降、出番が増えたからいいけど

まあまあ。それでは18世紀から現代に至るまでの、世界遺産に関連する事柄を年表にしたので見てみましょう！

年代	ヨーロッパ	西アジア、インドなど	アメリカ大陸	中国	日本
1701年	スペイン継承戦争（〜1713年）➡P36				
1733年	ポーランド継承戦争（〜1735年）➡P35				
1740年	マリア・テレジアがオーストリア大公にオーストリア継承戦争（〜1748年）				
1741年	マリア・テレジア、ハンガリーに援軍を要請する				
1700年代中頃	イギリスで産業革命が始まる				
1755年			フレンチ・インディアン戦争（〜1763年、英VS仏）		
1756年	七年戦争（〜1763年）				
1757年		インドでプラッシーの戦い（英VS仏）			
1763年	フランス、カナダをイギリスに譲る				
1770年	ヴェルサイユ宮殿で王太子ルイ（ルイ16世）とマリー・アントワネットが結婚				
1772年	第1回ポーランド分割（第2回は1793年、第3回は1795年）				
1773年			ボストン茶会事件		
1774年					「解体新書」が刊行される
1775年			アメリカ独立革命始まる（〜1783年）		
1776年			アメリカ独立宣言		
1783年			アメリカ独立		

年代	ヨーロッパ	西アジア、インドなど	アメリカ大陸	中国	日本
1789年	フランス革命が始まる ➡P19、31				
1791年	フランスで国王一家が逃亡に失敗（ヴァレンヌ逃亡事件）オーストリア、プロイセンがフランス革命への干渉を宣言				
1792年	フランス、オーストリアに宣戦				ラクスマン、根室来航
1793年	フランスでルイ16世、マリー・アントワネットが処刑される				
1797年	ヴェネツィア共和国がナポレオンに降伏する ➡P19				
1804年	ナポレオンが皇帝になる ➡P28、33				
1806年	神聖ローマ帝国が消滅する ナポレオン、大陸封鎖令を出してイギリスが干上がるのを狙う ➡P43				
1809年	ロシア、フィンランドを征服 ➡P69				
1812年	ナポレオンのロシア遠征 ➡P55、57		アメリカ・イギリス戦争（～1814年）➡P71、75		
1814年	ナポレオンの退位 ウィーン会議（～1815年）				
1815年	ナポレオン、ワーテルローの戦いで敗れ セント・ヘレナ島に流刑 スイスが永世中立国として認められる ➡P51				
1821年	ギリシャが独立を宣言 オスマン帝国と戦争に（～1829年）➡P27				
1825年					異国船打払令
1830年	フランスで七月革命 ギリシャの独立が承認される ➡P27				
1840年				アヘン戦争（～1842年）➡P39、79	
1842年				香港がイギリスに割譲される	
1846年			アメリカ・メキシコ戦争（～1848年）		
1848年	フランスで二月革命、ドイツやオーストリアで三月革命が起きる ➡P33、47		カリフォルニアで黄金発見（ゴールドラッシュ）		
1800年代中頃		インドで紅茶の生産が始まる ➡P81			

年代	ヨーロッパ	西アジア、インドなど	アメリカ大陸	中国	日本
1852年	フランスでナポレオン3世が皇帝になる(〜1870年) ➡P33				
1853年	クリミア戦争(〜1856年)				黒船来航
1858年		インドでムガル帝国が滅亡 イギリスが直接統治を始める ➡P81			
1861年	イタリア王国が成立 ➡P21		南北戦争(〜1865年) ➡P71		
1863年			リンカーン大統領の奴隷解放宣言		
1866年	普墺戦争				
1867年	オーストリア＝ハンガリー二重帝国が成立 ➡P46、49		カナダが自治領になる ➡P75		
1868年					明治維新
1869年			大陸横断鉄道が開通		
1870年	普仏戦争(〜1871年)				
1871年	プロイセンの主導でドイツ帝国が成立 ➡P43				
1873年	シュリーマンがトロイ遺跡らしきものを発見する ➡P24				
1881年		インドのダージリンに鉄道が開通 ➡P80			
1883年	ガウディがサグラダ・ファミリアの二代目主任建築家に就任 ➡P65				
1886年			ニューヨークに自由の女神が完成 ➡P70		
1887年				ポルトガルがマカオを植民地にする	
1894年					日清戦争(〜1895年)
1896年	ギリシャのアテネで第1回近代オリンピック開催 ➡P27				
1898年			アメリカ・スペイン戦争		
1800年代末	アール・ヌーヴォーが流行 ➡P34、58				
1901年		オーストラリア連邦が成立 ➡P73			
1902年					日英同盟
1904年	スイスでレーティッシュ鉄道のアルブラ線が開通 ➡P50				日露戦争(〜1905年)
1905年	ノルウェーがスウェーデンから独立 ➡P67				
1912年				清が滅亡。中華民国が成立	

年代	ヨーロッパ	西アジア、インドなど	アメリカ大陸	中国	日本
1914年	WW1（～1918年）				
1917年	革命でロシア帝国滅亡 ➡P55、62 フィンランドが独立				
1918年	バルト三国が独立 ドイツ皇帝が退位				
1922年	ソビエト連邦が誕生 ➡P55	トルコ革命			
1923年		トルコ共和国が成立 ➡P25			関東大震災
1929年			ニューヨークで株価暴落。世界恐慌へ		
1931年			カナダが事実上独立する ➡P75		
1933年	ドイツで ナチス政権が成立				
1936年	スペイン内戦（～1939年）、フランコ将軍の台頭 ➡P65				
1937年	日独伊防共協定				
1938年	ドイツ、 オーストリアを併合				
1939年	WW2（～1945年） ➡P45、85				
1940年	日独伊三国同盟				
1945年	サンフランシスコ会議 国際連合成立				原爆が広島、長崎に投下される ➡P52
1949年	ドイツ、東西に分かれる			中華人民共和国が成立 中華民国の蒋介石が台湾を直接統治	
1950年				朝鮮戦争 （～1953年）	
1951年					サンフランシスコ平和条約、日米安保条約調印
1959年			キューバ革命 ➡P75		国立西洋美術館が開館 ➡P84
1964年					東京オリンピック
1965年			ベトナム戦争が激しくなる		
1975年	スペインで フランコ将軍死去 ➡P65 ブルボン朝が復位				
1989年	ベルリンの壁が崩壊			天安門事件	
1990年	東西ドイツが統一				
1991年	ソ連、バルト三国の独立を承認 ➡P59 ソ連が崩壊 ➡P55				
1997年				香港がイギリスから返還される	
1999年				マカオがポルトガルから返還される	
2001年			アメリカ同時多発テロ事件が起きる		

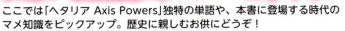

ヘタリア的 近代歴史ミニ辞典

ここでは「ヘタリア Axis Powers」独特の単語や、本書に登場する時代のマメ知識をピックアップ。歴史に親しむお供にどうぞ！

ヘ 「ヘタリア Axis Powers」に関する説明　国 国に関する説明　人 人物に関する説明
事 歴史的な事件に関する説明　他 その他の事柄の説明

家（いえ）　ヘ

『ヘタリアAxis Powers』に登場するそれぞれの国の土地のこと。家の広さはさまざまで、アメリカやカナダのように広い国もあればリヒテンシュタインのように小さな国もある。ちなみに日本はイタリアやドイツよりちょっと家が広い。
→別荘

神聖ローマ帝国（しんせいろーまていこく）　国

ドイツの兄たちが作っていた中世から続く帝国。主なリーダーはオーストリアのハプスブルク家。といっても17世紀以降は名前ばかりの存在になっていて、それぞれの兄たちが好きにやっていた。ナポレオンが大暴れした結果、1804年に名実ともに消滅。その後、オーストリアはドイツをどうまとめるかでプロイセンと争って敗れ、ドイツから追い出されてしまうが、かわりにハンガリーと帝国を作った。
→ナポレオン

ギロチン　他

フランス革命の頃にフランスで発明された斬首刑の執行装置。2本の柱の間に吊るされた刃が、その下に寝かされた受刑者の首を切断する。もともとは受刑者を苦しまずに死なせるという人道的な目的で開発されたが、剣や斧を使うよりずっと簡単に首をはねられるようになったため、結果としてフランス革命ではそれまでにない早いペースで処刑が行われるようになってしまった。→ルイ16世、フランス革命

自由の女神（じゆうのめがみ）　他

フランスからアメリカへ建国100周年を祝って贈られた巨大な像。もちろんバラバラの状態で贈られてきたので、組み立てはアメリカで行った。フランスで作るのもアメリカで組み立てるのも大変だったが、多くの人々の協力や募金で1886年に完成。アメリカのシンボルなのでハリウッド映画にもしばしば登場している。
→マリアンヌ

上司（じょうし）　ヘ

『ヘタリアAxis Powers』に登場するそれぞれの国の指導者。昔は国王や皇帝のことだったが、現在は選挙などで選ばれた政治家を指すことが多い。

ソビエト連邦（そびえとれんぽう）　国

1922年にロシアが中心になってウクライナやベラルーシ、バルト三国などで作った集まり。略称はソ連。WW2後に躍進したが次第に衰え、1991年に解体された。お金を稼ぐ競争を良しとする自由主義・資本主義の弊害に反対し、より平等をめざす社会主義体制を取っていたのだが、一生懸命働いても手を抜いてもお給料は平等という仕組みは人々から活気を失わせることに……。もっとも、現在のロシアでは一生懸命働いてもお給料が上がらないこともあるので、ソ連時代のほうが良かったという人も？
→東欧革命、ロシア革命

WW1（ダブリューダブリューワン）　事

1914〜1918年に起きた大戦争。オーストリア＝ハンガリー二重帝国のフランツ・フェルディナント大公夫妻がサラエボで暗殺されたのがきっかけとなって始まった。この戦いでドイツ帝国やオーストリア＝ハンガリー二重帝国、ロシア帝国、オスマン帝国といった「帝国」たちは終焉を迎え、それぞれ出直すことに。→WW2

WW2（ダブリューダブリューツー）　事

1939〜1945年にかけて起きた大戦争。ドイツ、日本、イタリアなどの枢軸国とイギリス、ソビエト連邦、アメリカなどの連合国の争い。連合国側の勝利に終わるが、イギリスやフランスたちはこの戦いがきっかけで海外の別荘を失うことになり、アメリカとソ連が世界の超大国になる。また、この戦争でドイツは東西に分割された。
→WW1、東欧革命

東欧革命（とうおうかくめい）　事

1989年、東ヨーロッパでソ連の影響を強く受けていた国々で起きた民主化革命。ドイツのベルリンの壁の崩壊が有名。その後、バルト三国がソ連から独立しソ連は崩壊した。→ソビエト連邦、バルト三国

ナポレオン　人

フランス革命の混乱を収拾した戦争の天才。田舎貴族からフランス第一帝政の皇帝にまで昇り詰めた。なお、ちゃんと国民投票を行って皇帝になっている。人々の自由と平等を目指した革命の結果、皇帝が誕生したというオチになったが当時は他の国も君主制だったので無理もない展開だった？
→神聖ローマ帝国、フランス革命

バルト三国（ばるとさんごく）　国

バルト海に近いリトアニア、エストニア、ラトビアのこと。位置的にドイツやロシアの影響を強く受けてきた。WW1後に独立し、ソ連と西ヨーロッパの間のクッションとして注目を集めた。だがWW2が始まるとソ連に占領され、ナチス・ドイツに占領され、再びソ連に占領されついに併合されてしまう。その後、1990年にリトアニア、1991年にエストニアとラトビアが独立を宣言。同年にソ連から認められた。
→ソビエト連邦、東欧革命

引きこもり（ひきこもり）　へ

外国との付き合いを絶った状態。日本は17〜19世紀にかけて引きこもっていて、オランダと中国とのみ、ほそぼそと交流していた。→文明開化

フランス革命（ふらんすかくめい）　事

フランスで1789年に始まった革命。現代の市民社会の出発点となった事件。商売に成功して力を付けた中産階級の人々が、古くからの権力者である貴族たちを打ち倒した。17世紀に活躍したルイ14世の時代は「国＝王」だったが、この事件で「国は国民のもの」という原則が打ち立てられ、身分制が崩壊した。
→ルイ16世、マリー・アントワネット、ナポレオン

文明開化（ぶんめいかいか）　他

19世紀後半に引きこもりをやめた日本が、アメリカやイギリス、フランスたちの文化を取り入れて大きく変わったことを指す。政治はもちろん、髪型や食事、ペットなどさまざまな事柄が変化した。
→引きこもり

別荘（べっそう）　へ

『ヘタリアAxis Powers』に登場するそれぞれの国が、自国の外で手に入れた植民地のこと。かつてアメリカやカナダにはイギリスやフランスたちが別荘を作っていた。国として成長すると「弟」と呼ばれるようになることも。
→家

マリアンヌ　他

フランスの自由を象徴する女性像。1830年に描かれたドラクロワの絵画「民衆を導く自由の女神（La Liberté guidant le peuple）」でトリコロール旗を持つ女性像が有名。ちなみにフランス革命では女性たちも大いに活躍した。→自由の女神

マリー・アントワネット　人

ルイ16世の妻。オーストリアのマリア・テレジアの末娘。フランスでは王妃より公的な愛人（ルイ15世に寵愛されたポンパドゥール夫人など。ただし後継者は王妃の子供に限られた）が宮廷を仕切り有名になることが多いが、真面目で信心深いルイ16世は愛人を作らなかった。そのためフランス王妃としては例外的に目立つ存在。さらに処刑されたことによって悲劇の女性として歴史に名を残した。享年37歳。→ルイ16世

ルイ16世（るいじゅうろくせい）　人

フランス革命によって1793年にギロチンで処刑されたフランスの国王。享年39歳。アメリカの独立革命に手を貸したり、犯罪の取り調べで拷問を禁止するなど開明的な君主だった。科学の知識もあり、ギロチンの刃を斜めにするよう提案した。→フランス革命、マリー・アントワネット

ロシア革命（ろしあかくめい）　事

WW1の最中、1917年に帝政ロシアで起きた革命。第二次ロシア革命とも呼ぶ。労働者の不満から1905年に起きた第一次の革命はロシア帝国を動揺させたが、結局民主化は進まなかった。その後、WW1の影響で食べ物がなくなり人々の怒りが大爆発。ロシア皇帝ニコライ2世が退位し、ロシア帝国は崩壊した。革命の影響でバルト三国やフィンランドが独立。ロシアではその後、誰がリーダーになるかでゴタゴタが続いたが何とか1922年にソビエト連邦が成立した。
→ソビエト連邦、バルト三国

フィナーレ＆ごあいさつ！

 古代から現代まで、いろいろな世界遺産を見てきましたね。それぞれに見ごたえがあって本当に興味深かったです！

俺も日本を案内しながら昔を思い出して懐かしかったな〜。昔の俺って可愛かったよね、ドイツ？

 昔のお前は天使のようだったな……ゴホン。世界遺産は俺たちの大切な思い出であり、共通の宝物だ。これからも大切にしていきたいものだな

おや、ドイツさん照れてます？イタリア君もドイツさんも、それにアメリカさんたちも。長い世界遺産の旅を案内してくださってありがとうございました！

世界遺産の思い出はいつまでも……

世界遺産と『ヘタリア Axis Powers』の仲間たちをこれからもよろしくね！

参考文献

『アヘン』／ジム・ホグシャー（著）、岩本正恵（訳）／青弓社
『イギリス史10講』／近藤和彦／岩波書店
『行ってはいけない世界遺産』／花霞和彦／CCCメディアハウス
『イタリア・ルネサンス』／澤井繁男／講談社
『ヴェネツィアと芸術家たち』／山下史路／文藝春秋
『オランダ風説書「鎖国」日本に語られた「世界」』／松方冬子／中央公論新社
『ガウディの伝言』／外尾悦郎／光文社
『グランドツアー　18世紀イタリアへの旅』／岡田温司／岩波書店
『紅茶スパイ　英国人プラントハンター中国をゆく』／サラ・ローズ（著）、築地誠子（訳）／原書房
『コーヒーが廻り　世界史が廻る　近代市民社会の黒い血液』／臼井隆一郎／中央公論社
『魚で始まる世界史　ニシンとタラとヨーロッパ』／越智敏之／平凡社
『新訳シャーロック・ホームズ全集　シャーロック・ホームズの冒険』／アーサー・コナン・ドイル（著）、日暮雅通（訳）／光文社
『神話で訪ねる世界遺産』／蔵持不三也（監修）／ナツメ社
『図解雑学シリーズ　ハプスブルク家』／菊池良生／ナツメ社
『図説　イギリスの歴史（ふくろうの本）』／指昭博／河出書房新社
『図説　ヴェネツィア　「水の都」歴史散歩』／ルカ・コルフェライ（著）、中山悦子（訳）／河出書房新社
『図説　オランダの歴史（ふくろうの本）』／佐藤弘幸／河出書房新社
『図説　宗教改革（ふくろうの本）』／森田安一／河出書房新社
『図説　神聖ローマ帝国（ふくろうの本）』／菊池良生／河出書房新社
『図説　中世ヨーロッパの暮らし（ふくろうの本）』／河原温、堀越宏一／河出書房新社
『図説　ドイツの歴史（ふくろうの本）』／石田勇治／河出書房新社
『図説　フランスの歴史（ふくろうの本）』／佐々木真／河出書房新社
『図説　ベルギー　美術と歴史の旅（ふくろうの本）』／森洋子／河出書房新社
『図説　ロシアの歴史（ふくろうの本）』／栗生沢猛夫／河出書房新社
『世界遺産に行こう』／学研パブリッシング（編集）／学研プラス
『世界遺産に行こうSPECIAL』／学研パブリッシング（編集）／学研プラス
『大英帝国　最盛期イギリスの社会史』／長島伸一／中央公論新社
『茶の世界史　緑茶の文化と紅茶の社会』／角山栄／中央公論新社
『中世を旅する人びと　ヨーロッパ庶民生活点描』／阿部謹也／筑摩書房
『中世の星の下で』／阿部謹也／筑摩書房
『ドイツ史10講』／坂井栄八郎／岩波書店
『ドイツ人のこころ』／高橋義人／岩波書店
『ハプスブルク帝国』／加藤雅彦／河出書房新社
『ハーメルンの笛吹き男　伝説とその世界』／阿部謹也／筑摩書房
『ハプスブルク家』／江村洋／講談社
『ビール世界史紀行　ビール通のための15章』／村上満／筑摩書房
『ビールの歴史』／ギャビン・D・スミス（著）、大間知知子（訳）／原書房
『諷刺画で読む十八世紀イギリス　ホガースとその時代』／小林章夫、齊藤貴子／朝日新聞出版
『フランス革命という鏡　十九世紀ドイツ歴史主義の時代』／熊谷英人／白水社
『フランス史10講』／柴田三千雄／岩波書店
『もういちど読む山川世界史』／『世界の歴史』編集委員会／山川出版社
『物語　アメリカの歴史　超大国の行方』／猿谷要／中央公論社
『物語　イタリアの歴史　解体から統一まで』／藤沢道郎／中央公論社
『物語　スイスの歴史　知恵ある孤高の小国』／森田安一／中央公論新社
『物語　中国の歴史　文明史的序説』／寺田隆信／中央公論社
『物語　ドイツの歴史　ドイツ的とは何か』／阿部謹也／中央公論社
『物語　バルト三国の歴史　エストニア・ラトヴィア・リトアニア』／志摩園子／中央公論新社
『物語　フランス革命　バスチーユ陥落からナポレオン戴冠まで』／安達正勝／中央公論新社
『物語　北欧の歴史　モデル国家の生成』／武田龍夫／中央公論社
『ライン河　ヨーロッパ史の動脈』／加藤雅彦／岩波書店
『ワインの歴史　自然の恵みと人間の知恵の歩み』／山本博／河出書房新社

他、多数

ヘタリア Axis Powers 歴史読本

ヘタリア的世界遺産III
フランス革命から21世紀まで

2017年3月31日　第1刷発行
2024年12月31日　第3刷発行

監修・イラスト　日丸屋秀和
発行人　石原正康

発行元　株式会社 幻冬舎コミックス
〒151-0051　東京都渋谷区千駄ヶ谷4-9-7
電話　03-5411-6431（編集）

発売元　株式会社 幻冬舎
〒151-0051　東京都渋谷区千駄ヶ谷4-9-7
電話　03-5411-6222（営業）
振替　00120-8-767643

印刷・製本所　TOPPANクロレ株式会社

本文イラスト　仲村柴太郎　タダノ

装丁・本文デザイン・編集協力　株式会社 サンブラント
執筆　北出高資

幻冬舎コミックスホームページ　https://www.gentosha-comics.net

検印廃止
万一、落丁乱丁のある場合は送料当社負担でお取替致します。幻冬舎宛にお送り下さい。
本書の一部あるいは全部を無断で複写複製（デジタルデータ化も含みます）、放送、データ配信等をすることは、法律で認められた場合を除き、著作権の侵害となります。定価はカバーに表示してあります。

©HIMARUYA HIDEKAZ, GENTOSHA COMICS 2017
ISBN 978-4-344-83957-1 C0076 Printed in Japan